# KAMA-SUTRA

# SUTRA

## UNA POSTURA
## AL DÍA

# KAMA-SUTRA

## UNA POSTURA AL DÍA

Ilustrado por
**Alicia Rihko**

# CONTENIDOS

# INTRODUCCIÓN

A todos nos gusta animar nuestra vida
sexual y hacerla un poco más divertida
y variada. ¿Nunca quisiste deslumbrar
a un nuevo amante con alguna idea
atrevida? ¿O renovar la intimidad que
tienes con tu pareja de siempre? ¿O bien
probar algo totalmente nuevo solo por
el placer de la novedad?

 Aquí tienes una postura para cada
día del año, inspiradas en el manual
amatorio más famoso de la historia y
en otros autores clásicos. ¿Quién no ha
oído hablar del *Kama-sutra*? Escrito en
algún momento entre los siglos II y V por
el gran yogui Mallanaga Vatsyayana, su
objetivo no era solo compartir secretos
sexuales, sino también reflexionar sobre
la naturaleza completa del placer, el
amor y cómo vivir una vida plena.
Es, sin duda, una obra fundamental,
pero no es la única sobre el tema.
Por eso aquí encontrarás también los

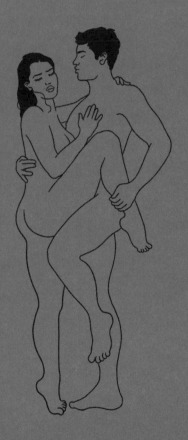

consejos de otros grandes clásicos, como *Smaradipika*, *Ananga Ranga*, *Ratikallonlini* o *Panchasayaka*, libros escritos por poetas, eruditos y filósofos que han guiado a los amantes a lo largo de los siglos. Si todo esto te suena un poco erudito, no te preocupes: solo tienes que dejarte llevar por la pasión con tu pareja y disfrutar en la cama... o en el suelo, o en una mesa, o en unas escaleras o en cualquier otro lugar.

Somos criaturas sexuales, al margen del lugar o la época en que hayamos nacido, y nos encanta probar y experimentar. Las distintas posturas son una manera de añadir una dosis extra de emoción: el sexo es una conversación física y la postura que se adopte al principio puede influir mucho en la atmósfera que se cree. Pero más allá de las posturas concretas, las personas somos seres creativos y nos gusta trabajar juntos y crear cosas nuevas y hermosas. Como nos enseñan los antiguos, el sexo puede ser parte de eso.

Probar nuevas ideas en la cama es esculpir con sensaciones, pintar con amor. Los artistas antiguos sabían que el sexo puede ser un arte.

Puedes usar este libro de muchas formas. Puedes hojearlo, buscar algo nuevo y probar lo que te llame la atención. Puedes asumir el reto de intentar una postura distinta cada día; tanto si se logra completar el recorrido como si no, seguro que tú y tu pareja os sentiréis más felices, satisfechos y unidos por haberlo intentado. Si se tiene ganas de algo concreto, también se puede ir directamente al final, donde se encuentra un selector de posturas para elegir en función del estado de ánimo del momento.

Algunas de estas posturas son caricias sensuales, relajantes o espirituales. Otras, en cambio, son auténticos ejercicios, a veces un poco exigentes físicamente. Pero todas te abren la puerta a un espacio de creatividad en el que podrás dar rienda suelta con tu amante a la imaginación y al placer.

LAS
**POSTURAS**

# DÍA
# 001

## EL ABRAZO PALPITANTE

Una caricia amorosa y
sensual por todo el cuerpo.

«Siente latir
el corazón de
tu pareja»

# DÍA 002

## CASI UN BESO

El *Kama-sutra* dice que es para jóvenes vírgenes, pero no dejes que eso te detenga.

«Un suspiro
de tentación»

# DÍA 003

## CHUPAR EL HUESO DEL MANGO

Un camino infinito hasta el corazón.

«El delicioso
bocado»

# DÍA 004

## TORNEAR LA PERLA

Masajea suavemente con las yemas de los dedos por los dos lados en un delicado baile sensual.

«Un acto de amor
hacia el clítoris
de tu pareja»

## DÍA 005 | EL ABRAZO DE LA SERPIENTE

Ojos cerrados y cabezas separadas: experimenta sensaciones puras.

«Entrelazados en una felicidad genuina»

## DÍA 006 | EL SALUDO DEL CABALLERO

No te quedes con un beso casto, deja que tus labios y tu lengua hablen por ti.

«Un gesto cortés e irresistible»

# DÍA 007

### *KSHOBAKA* (EXCITANTE)

El *Kama-sutra* describe este movimiento de lametazos como beber de una fuente sagrada.

«Mueve la lengua por el manantial de sus piernas»

# DÍA
# 008
### EL CUENCO

Acariciar la base del cráneo
con las yemas de los dedos es
un gesto casto, pero también
muy íntimo.

## «Sumérgete en un estado de pura compenetración»

# DÍA 009

### SALUDO DE ENAMORADOS

Una maravillosa forma de reencontrarse, sin importar cuánto tiempo haya pasado.

«Volver a verse es como bailar en el aire»

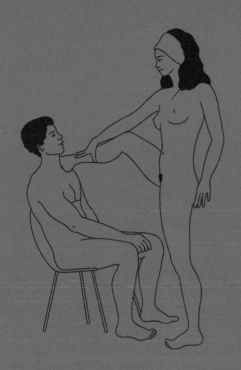

DÍA
010

### EXHIBIR
### EL PREMIO
Una postura ideal
para empoderarse.

«Mira, suspira…
enciende el deseo»

DÍA
011

### LOS JUNCOS
### TRENZADOS
Una caricia suave
y sensual para
amantes que acaban
de conocerse.

«Encaja el muslo en sus genitales
y muévete en un deleite mutuo»

# DÍA
# 012

## LA BANDERA DEL AMOR

Embriágate con la sensación
mientras te excitan.

«Haz que tu
pasión se eleve»

## DÍA 013 | EL MORTERO
Una deliciosa oportunidad para dejar que las caderas se expresen.

«Quédate inmóvil mientras te hace alcanzar el éxtasis»

## DÍA 014 | EL REMOLCADOR
Una postura vibrante para liberarse de la timidez.

«Liba su pasión y despierta toda su lujuria»

# DÍA 015

## PERFORAR LA OSCURIDAD

Deja de lado la timidez:
dile cuánto te gusta.

«Una ráfaga de
sensaciones que
te embriagará»

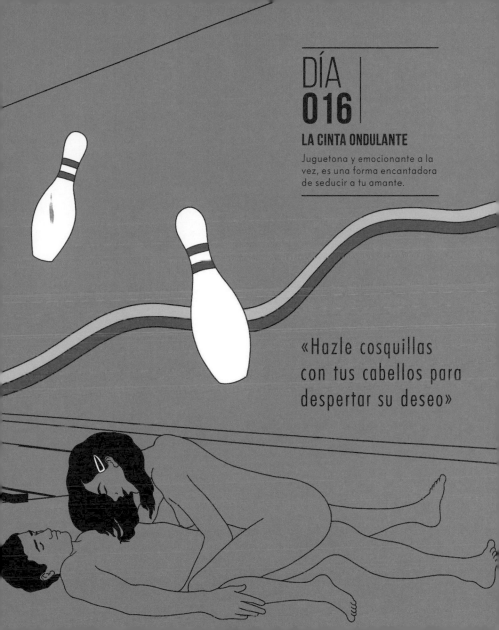

# DÍA
# 016

## LA CINTA ONDULANTE

Juguetona y emocionante a la vez, es una forma encantadora de seducir a tu amante.

«Hazle cosquillas con tus cabellos para despertar su deseo»

# DÍA
# 017

## ABRAZO DE FRENTE

Concéntrate solo en los puntos donde vuestros cuerpos se toquen para mejorar vuestra conexión emocional.

«Caricias mente con mente en un suave abrazo»

DÍA
**018**

**AGUA Y LECHE**

Un abrazo apasionado
como preludio de una
unión más íntima.

«Dos cuerpos que
se presionan hasta
casi penetrarse»

DÍA
**019**

**EL TRUCO DEL
PERRO CALLEJERO**

Un mordisco travieso que incita
a un sensual castigo.

«Para más diversión,
ponte de rodillas y
mira a tu pareja
provocativamente»

# DÍA
# 020

## LA MORDIDA DEL JABALÍ

Reserva este juego para los
momentos de pasión más viva.
Y, como dice el *Kama-sutra*,
juega con precaución.

«Un mordisco
feroz para
marcar la piel
de tu amante»

DÍA
**021** | **LA LENGUA QUE GIRA**
El *Kama-sutra* aconseja explorar
con la nariz y la barbilla, además
de con la boca.

«Haz círculos
con la lengua
hasta que
pierda la
razón»

DÍA
**022** | **LA NUBE QUEBRADA**
Con suavidad pero sin
piedad, mordisquea
a tu amante para
desencadenar una
tormenta de deseo.

«Recorre con tu
boca sus aureolas
dándole delicados
mordisquitos»

«Disfruta con tu pareja
de un placer inocente»

# DÍA
## 024

### LAS DOS OLAS

Una postura cómoda para
facilitar la entrada.

«Una fusión absoluta
para un placer infinito»

# DÍA 025

## ENROLLAR EL HILO

Con cada movimiento hacia abajo, haz un pequeño giro en su punto más sensible.

«Un giro de la mano para tejer su pasión»

## EL LIRIO DOBLADO

Cómodo pero vigoroso,
el favorito de las
parejas enamoradas.

«Complace a tu
pareja hasta que
florezca el éxtasis»

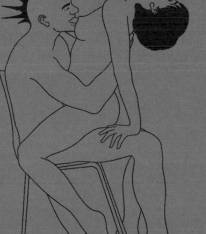

## SORBER LA GOTA DE ROCÍO

Esta suave succión elimina
cualquier atisbo de timidez
y enciende el deseo.

«Tu pareja quedará
con sed de más»

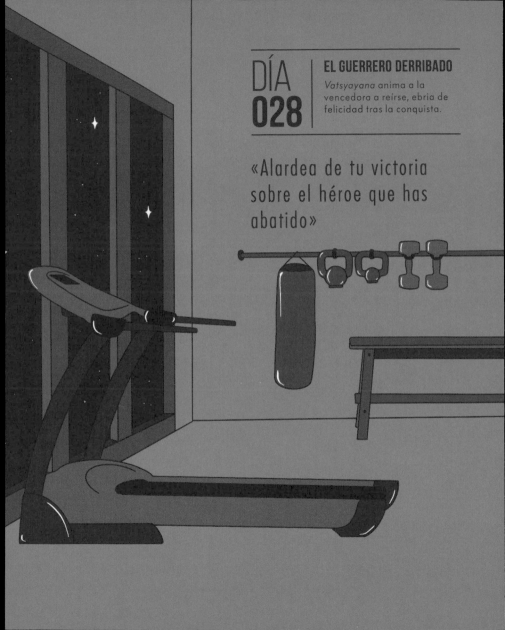

# DÍA
## 028

### EL GUERRERO DERRIBADO

*Vatsyayana* anima a la vencedora a reírse, ebria de felicidad tras la conquista.

«Alardea de tu victoria sobre el héroe que has abatido»

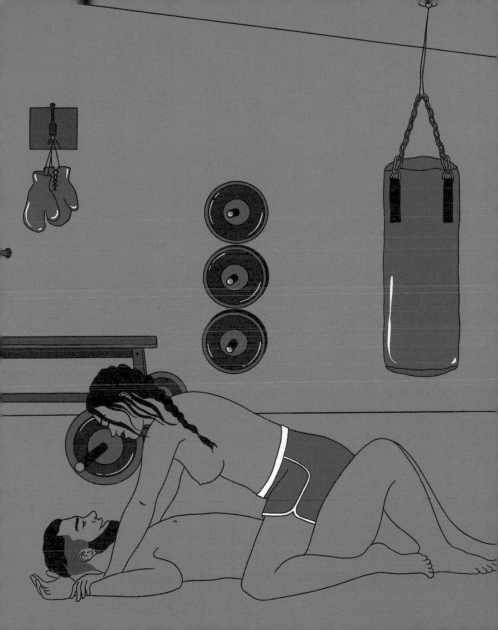

## EL TRUCO DE LA YEGUA

El *Kama-sutra* dice que requiere
mucha práctica; el Dr. Kegel diría
que es una buena idea.

«Húndete a fondo
y acaricia avivando
la pasión»

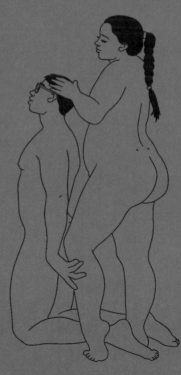

DÍA
**030**

## LA COMPAÑERA

Rélajate rozando sus
hermosas piernas
mientras te acaricia
con ternura.

«Recorre su cuerpo con
caricias de la cabeza
a los pies»

# DÍA
# 031

## LA VENDA DEL AMOR

Transmítele confianza mientras
te susurra sus fantasías más
íntimas.

«Cubre sus ojos
para descubrir
sus fantasías»

# DÍA

# 032

### *CHUSHITA* (SUCCIÓN)

El *Kama-sutra* sugiere que
también añadas algunos
mordiscos.

«Llena de besos
apasionados su
pozo de placer»

# DÍA
# 033

## LA PALMADA

Un ligero golpe en el esternón con la mano abierta para despertar la pasión.

«Experimenta la emocionante frontera entre el dolor y el placer»

## DÍA 034 | **LA LÍNEA DE PUNTOS**
Dibuja un rastro perceptible de
suaves mordisquitos.

«Déjale en la
piel el recuerdo
secreto de
vuestro
encuentro»

## DÍA 035 | **LOS MELOCOTONES**
Descansa sobre tu amante y
no pienses en nada más que
en sus manos tocándote.

«Un delicioso masaje
para unos pechos
suculentos»

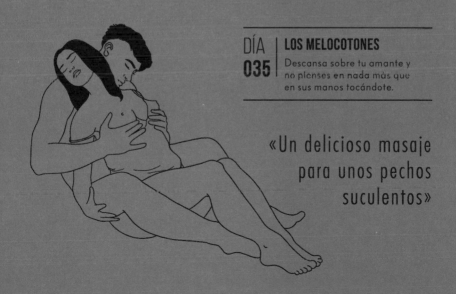

# DÍA 036

## LA FUERZA INTERIOR

No olvides cubrir tus dientes con tus labios.

«Presiona con
fuerza por un
instante antes
de soltarlo»

DÍA **037** | **EL BOTE DE REMOS**
Una postura divertida
y tierna a la vez.

«Mécete sin cesar
con tu pareja»

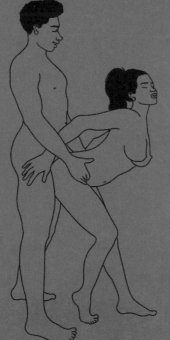

DÍA **038** | **CABALLOS SALVAJES**
Con un pie alzado, toma
de las caderas a tu
amante para mantener
el equilibrio y poder
moverte libremente.

«Esta excitante postura
avivará la pasión en
todo tu cuerpo»

# DÍA 039

## INCRUSTAR LA JOYA

Con las piernas dobladas,
puedes empujar con más
fuerza de la que te imaginas.

«Agítate debajo
de tu pareja para
desatar su pasión»

# DÍA **040**

## LA COLA DEL PAVO REAL

Para quienes pueden hacerlo, esta postura da la sensación de una absoluta apertura.

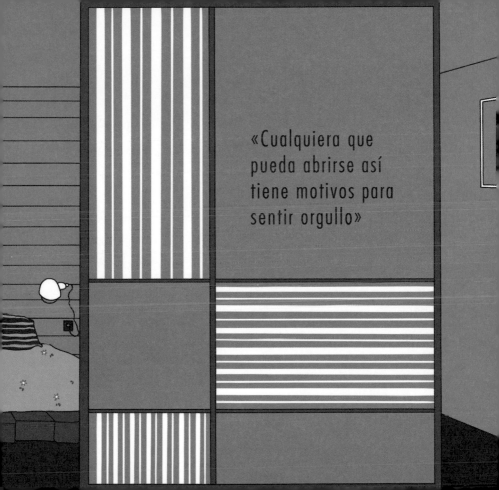

«Cualquiera que pueda abrirse así tiene motivos para sentir orgullo»

# DÍA
# 041

**DESPUÉS DEL VIAJE**

No olvides que la vida es un
viaje compartido; disfrútalo
practicando estas posturas.

«Viaja lejos
compartiendo
este regalo»

## DÍA 042 | EL ABRAZO

Una caricia tierna y sutil para amantes que comienzan a buscar su intimidad.

«Un abrazo fuerte, repentino, hasta perder el aliento»

## DÍA 043 | LA GARRA DEL TIGRE

El *Kama-sutra* sugiere que jugar con las uñas es particularmente excitante antes y después de una larga separación.

«Roza suavemente el flanco de tu presa»

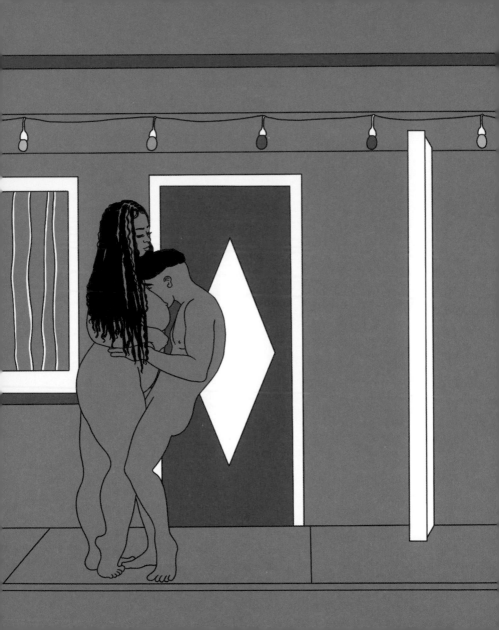

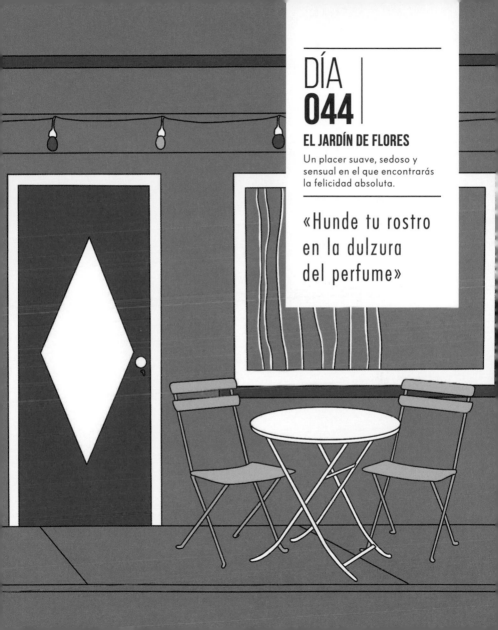

# DÍA **044**

### EL JARDÍN DE FLORES

Un placer suave, sedoso y sensual en el que encontrarás la felicidad absoluta.

«Hunde tu rostro en la dulzura del perfume»

DÍA
**045**

## EL BESO DEL LEOPARDO

Muerde ligeramente a tu pareja cada vez que se retuerza para convertirlo en un juego.

«Acaricia a tu presa y gánate su confianza»

DÍA
**046**

## LA ENREDADERA ENROSCADA

Un abrazo que se adapta tanto a los momentos de calma como a los de pasión.

«Entrelazados con pasión, girando como bailarines»

# DÍA
# 047

### EL ABRAZO DEL *JAGHANA*

Una postura que consiste en presionar un *jaghana* (la parte media del cuerpo) contra el otro.

«Caricia vientre con vientre, en un sensual abrazo»

# DÍA 048

## GOLPE DE AMOR
### *PRASRITAKA*

Ahuecar la mano amortigua el impacto, así que es ideal para dar unos golpecitos juguetones.

«Ahueca la mano y golpea con suavidad»

# DÍA
# 049

## LA VICTORIA

Agarrarte a las piernas
de tu pareja te dará
seguridad.

«Un paseo juntos
para disfrutar de
la pasión»

**MONTAR LA LENGUA**

Deja que la amazona marque el ritmo mientras la sacias con tu lengua.

«Baila sobre la boca juguetona de tu amante»

**EL LATIDO DE TU AMADA**

Meditación sensual para almas románticas.

«Toca al ritmo de su pulso y siente cómo se derriten los límites de vuestros cuerpos»

# DÍA
# 052

**EL YUGO**

Sostener a tu pareja puede ser emocionante en el punto álgido de la pasión.

«Agárrate de los tobillos con fuerza»

## TIRAR DE LOS PÉTALOS

Se puede probar con o sin lubricante
para disfrutar diferentes sensaciones.

«Tira suavemente de
sus labios para obtener
su néctar»

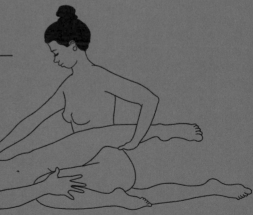

## LA LARGA CARICIA

Sujétale una pierna mientras
acaricias suavemente todo su
cuerpo hasta donde alcancen
los dedos.

«Del muslo al pecho,
disfruta de la suave
piel de tu amante»

# DÍA
# 055

### EL ACERCAMIENTO

Una caricia que se convierte
en un placer más profundo a
medida que las manos van
descubriendo el cuerpo.

«Piérdete en un
abrazo sensual»

# DÍA
# 056

## EL JUEGO DE LOS BESOS

Si pierdes, Vatsyayana te propone que protestes, digas que ha hecho trampas y reclames otra oportunidad.

«Juega a intentar capturar su labio inferior»

# DÍA
# 057

**EL AVE NODRIZA**

Una delicia cosquilleante
para los más sensuales.

«Picotéale las
manos y los pies
con breves besos»

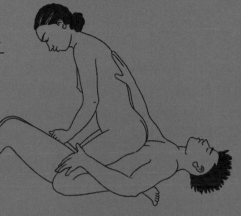

## DÍA 058 | LA LECHERA PACIENTE

Haz una breve pausa al final de cada caricia, para que tu pareja esté siempre al borde del clímax.

«Regálale mimos eternos de placer hasta que no aguante más»

## DÍA 059 | EL DOBLE GANCHO

Si la excitación es tanta que no se puede esperar a llegar hasta la cama, una silla también servirá.

«Atrapados en un impulso»

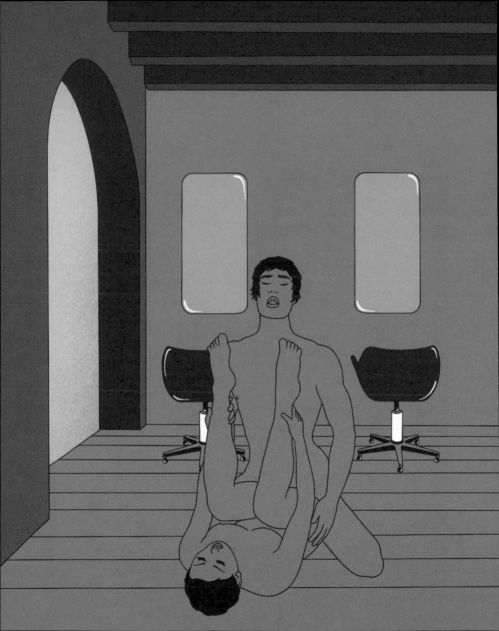

# DÍA
# 060

## EL BOSQUE DE BAMBÚ

Excelente para
penetraciones profundas
o, si lo prefieres, para el
sexo anal.

«Penetra en un dulce y
suave pozo de placer
flanqueado por
las piernas»

### UNIÓN DEL ELEFANTE

Una postura que pone a prueba la fuerza del que está encima.

## «Un impulso primario para una penetración profunda»

### ALTA PRESIÓN

Una postura salvaje para amantes llenos de energía.

## «Olvida las restricciones y déjate llevar por el deseo»

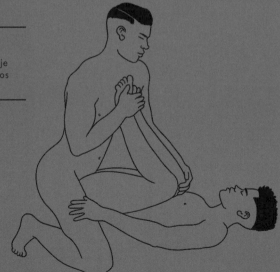

DÍA
**063**

*BAHUCHUSHITA*
**(SUCCIÓN INTENSA)**

Una succión intensa es
muy placentera, así que
ponle todo tu entusiasmo.

«Con la fuerza de
tus labios, mima
a tu amante y
dale placer»

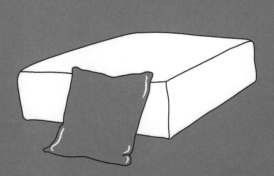

# DÍA
# 064

### EL TIMÓN

Una oportunidad para que
tu amante muestre su fuerza
y su flexibilidad mientras te
penetra.

«Sujeta fuerte
las piernas de tu
pareja y busca
el clímax»

# DÍA
# 065

## CONQUISTAR A LA DONCELLA

Los más impetuosos seguro
que están dentro de su pareja
antes de llegar a la cama.

«Levanta a tu
pareja en brazos
y deja volar la
imagnación»

DÍA **066** | **EL GRAN BOSTEZO**

El *Kama-sutra* aconseja penetrar a tu amante con suavidad en esta postura.

«Ábrete a una excitación apasionada»

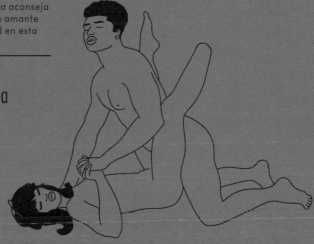

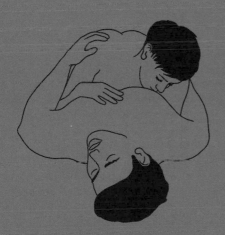

DÍA **067** | **EL BESO QUE DESPIERTA**

Llénale de besos y deja que disfrute de tus labios tocando su piel.

«Lleva a tu amante de las profundidades del sueño a la cima de la pasión»

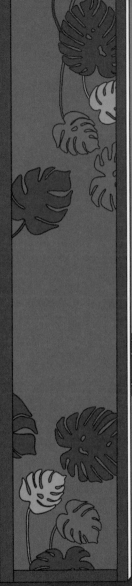

# DÍA
# 068

## PARTIR EL BAMBÚ

Ponte a horcajadas sobre una
de sus piernas y abraza la otra.

«Dos cuerpos
enlazados que se
funden de placer»

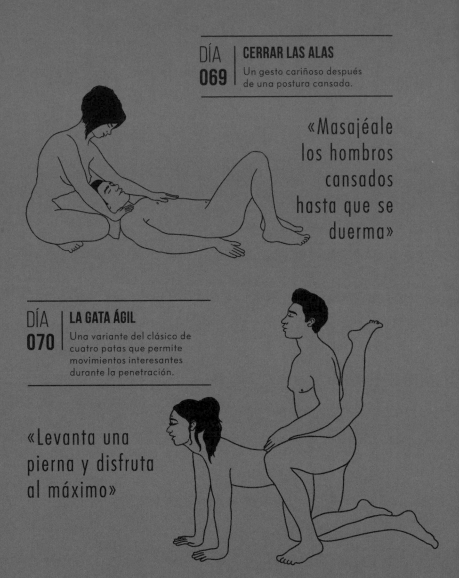

## DÍA 069 | CERRAR LAS ALAS

Un gesto cariñoso después de una postura cansada.

«Masajéale los hombros cansados hasta que se duerma»

## DÍA 070 | LA GATA ÁGIL

Una variante del clásico de cuatro patas que permite movimientos interesantes durante la penetración.

«Levanta una pierna y disfruta al máximo»

# DÍA 071

## PALMADA AMOROSA
### SAMATALA

El *Kama-sutra* nos recuerda
que las palmadas amorosas
no siempre gustan, así que
pregunta antes a tu pareja.

«Dale una palmada
para avivar su pasión»

# DÍA
## 072

### ESCALAR EL PASO

La penetración puede ser
complicada, pero puedes
ayudarte frotando aceite
de masaje en su estómago.

«Asciende sobre su cuerpo
para disfrutar del placer»

# DÍA
# 073

## EL TRAGO INVERTIDO

Protégete los dientes con
el labio inferior para evitar
herir a tu pareja.

«Admira su
cuerpo mientras
te da un placer
profundo»

## DÍA 074

### EL SURCO

El *Kama-sutra* dice que deberíamos acabar nuestros viajes dejando siempre gratos recuerdos.

«Traza en su piel surcos pequeños y suaves»

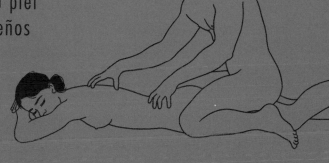

## DÍA 075

### PECHOS ABRAZADOS

Una forma emocionante de saborear la sensualidad de vuestros cuerpos.

«Disfruta del contacto piel con piel»

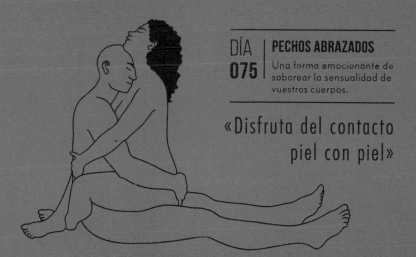

# DÍA
# 076

## LA CARICIA ESCULPIDA

Presiona tu cuerpo contra
el de tu pareja mientras
lo acaricias, uniendo con
ternura cuerpo y espíritu.

DÍA **077** | **CATANDO HIGOS**
Un deleite terrenal para almas desinhibidas.

«Deja que tu lengua vague libre por los caminos del placer»

DÍA **078** | **ABRIR LAS PÁGINAS DEL AMOR**
Una postura cariñosa que permite que tu amante se relaje mientras exploras.

«Descubre cada rincón con la habilidad de tus dedos»

# DÍA
# 079

### EL ENGANCHE

Una postura agotadora, así
que aprovecha al máximo y
disfruta mientras dure.

«Sostén con
fuerza y embiste
a buen ritmo»

# DÍA
# 080

## LA REINA SUBE AL TRONO

Una postura poco común para
el que penetra: debe entregarse
y disfrutar de la novedad.

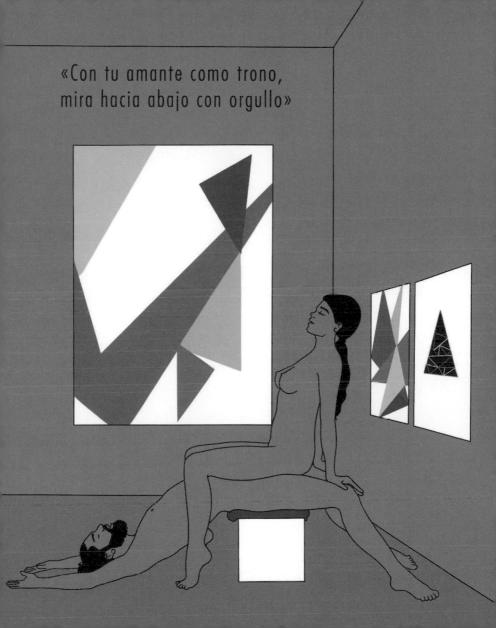

«Con tu amante como trono,
mira hacia abajo con orgullo»

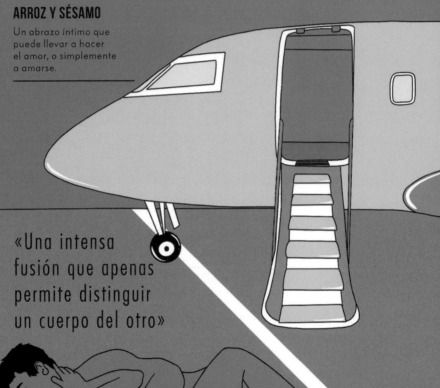

# DÍA
# 081

## ARROZ Y SÉSAMO

Un abrazo íntimo que
puede llevar a hacer
el amor, o simplemente
a amarse.

«Una intensa
fusión que apenas
permite distinguir
un cuerpo del otro»

**LA SEGUNDA COPA**

Una postura ideal
para lamer su
delicado ano.

«Descubre sus
lugares secretos
con tu lengua
tierna»

**LA LLAMA ALTA**

Una almohada en el lugar
adecuado puede ser la
clave ideal para conseguir
el ángulo perfecto.

«Alimenta tu fuego
con un pequeño
punto de apoyo»

# DÍA
## 084

### MORDISQUEANDO LOS LICHIS

Tira suavemente de los testículos para encender su pasión.

«Los labios deseosos
de placer siempre
son excitantes»

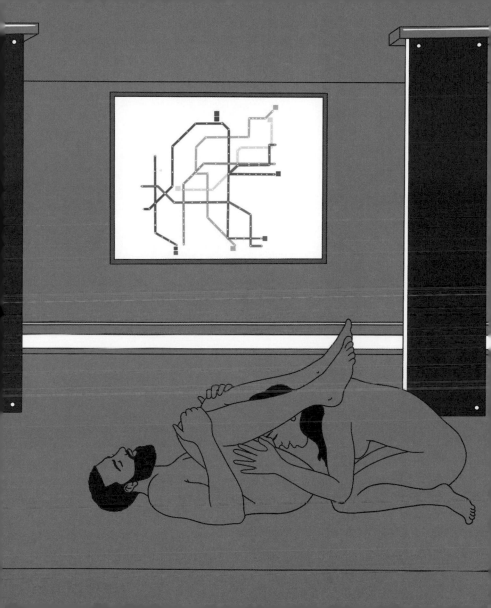

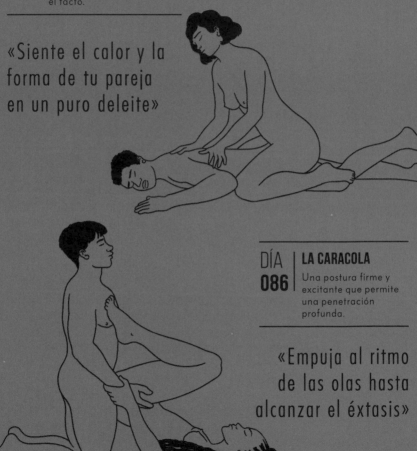

DÍA
**085**

**LA DONCELLA CIEGA**
Con los ojos cerrados, explora su cuerpo con el tacto.

«Siente el calor y la forma de tu pareja en un puro deleite»

DÍA
**086**

**LA CARACOLA**
Una postura firme y excitante que permite una penetración profunda.

«Empuja al ritmo de las olas hasta alcanzar el éxtasis»

# DÍA
# 087
### INDIFERENCIA FINGIDA
Un juego sexual perfecto
después de una discusión.

«Penetra a tu
pareja mientras
esta finge ignorar
el placer»

# DÍA
# 088

## LA PRENSA DE VINO

Embestir apasionadamente
puede ser agotador; la clave
está en saber mantener en
forma a tu pareja.

«Inclínate
sobre tu amante
y presiona su
cuerpo para que
se relaje»

DÍA
089

EL BESO ANTICIPADO

Acaricia primero lo que
besarás después, y
lograrás la atención
de tu pareja.

«Tus dedos anuncian
placeres más dulces
a sus labios»

## TOCAR EL SITAR

Tierno y romántico, pero también sexi y excitante: un verdadero placer para los amantes.

## «Abraza a tu pareja y haz mover tus dedos»

## TRAGARSE EL TALLO

Una habilidad que la mayoría necesita practicar, pero que hace inolvidables a quienes la dominan.

## «Abre bien tu garganta y devora a tu amante»

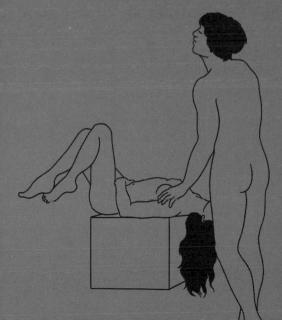

# DÍA
## 092

### A MEDIO PRENSAR

Una postura de poder
mutuo: uno empuja a
fondo y la pareja controla
la distancia entre los dos.

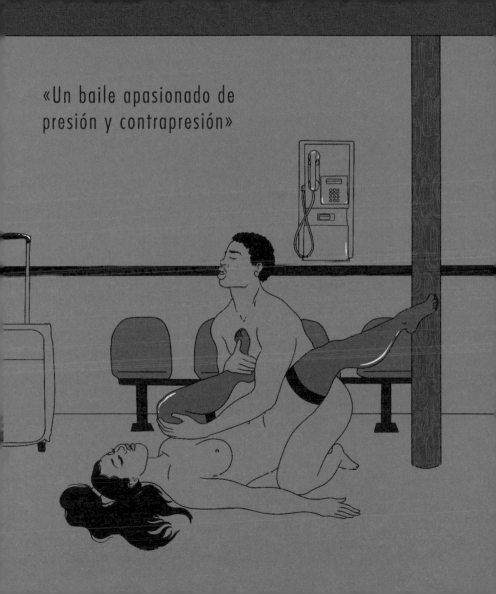

«Un baile apasionado de
presión y contrapresión»

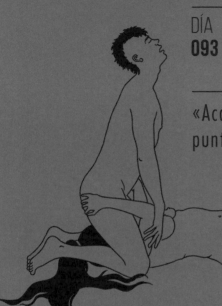

DÍA **093** | **EL VALLE DEL DESEO**
Entre los testículos y el ano se esconde un tesoro que se suele descuidar: préstale atención y escucha sus jadeos.

«Acaricia con la lengua su punto sensible más secreto»

DÍA **094** | **EL PEZ VOLADOR**
Toda la fuerza recae en quien penetra; deja que tenga el control.

«Olvida la gravedad y abandónate a la pasión»

# DÍA 095

### ABRIENDO LAS PUERTAS DEL CIELO

Toda una revelación para quienes se excitan con los besos en los dedos de los pies.

«Penetración profunda y besos suaves son un contraste divino»

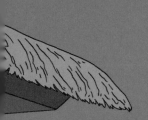

# DÍA
# 096

## LA ORQUÍDEA

Una postura para mecerse
suavemente, cuidando la
comodidad mutua.

«Movimientos suaves
nacidos del placer»

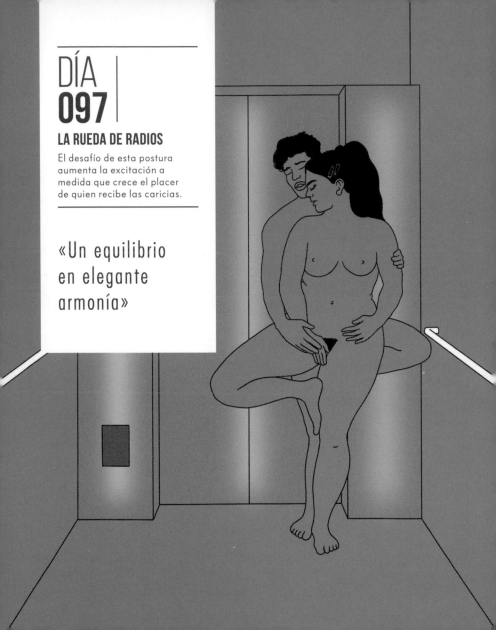

# DÍA 097

## LA RUEDA DE RADIOS

El desafío de esta postura aumenta la excitación a medida que crece el placer de quien recibe las caricias.

«Un equilibrio en elegante armonía»

## DÍA 098

### HUNDIR EN EL TINTERO

Si a tu pareja no le gusta que le hagan cosquillas en el ombligo, puedes amenazar con hacérselas y ya verás cómo se retuerce.

«Un amante perspicaz sabe cuándo bromear»

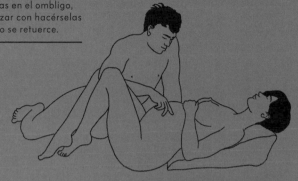

## DÍA 099

### LA BALSA

Una variante estable y fácil de la postura alzada del suelo.

«Déjate llevar por el deleite en su regazo»

# DÍA
# 100

## EL PLACER DEL PANADERO

Si masajeas los hombros
de tu amante siempre serás
bienvenido a su cama.

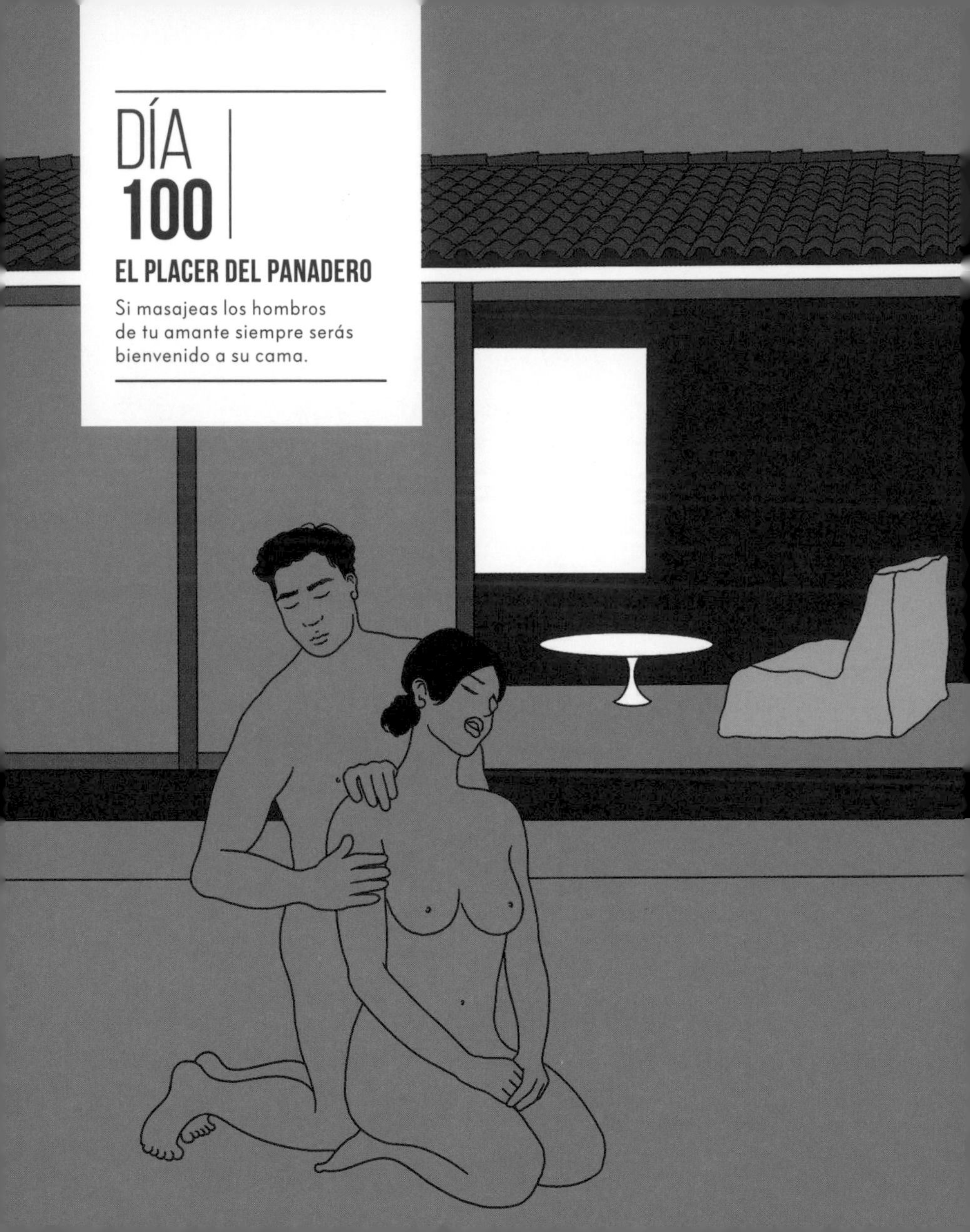

«Amasa su deliciosa
piel hasta que se
excite con tu tacto»

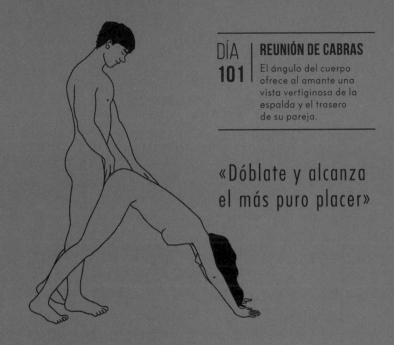

### REUNIÓN DE CABRAS

El ángulo del cuerpo
ofrece al amante una
vista vertiginosa de la
espalda y el trasero
de su pareja.

«Dóblate y alcanza
el más puro placer»

### EL GRILLO SALTARÍN

Una postura para
amantes con ganas de
jugar que buscan
desafiar sus cuerpos.

«Salta al mismo
tiempo que tu
pareja y difruta»

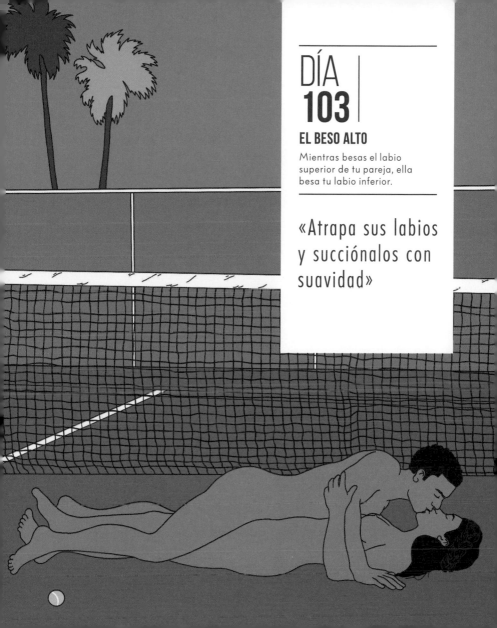

# DÍA 103

## EL BESO ALTO

Mientras besas el labio
superior de tu pareja, ella
besa tu labio inferior.

«Atrapa sus labios
y succiónalos con
suavidad»

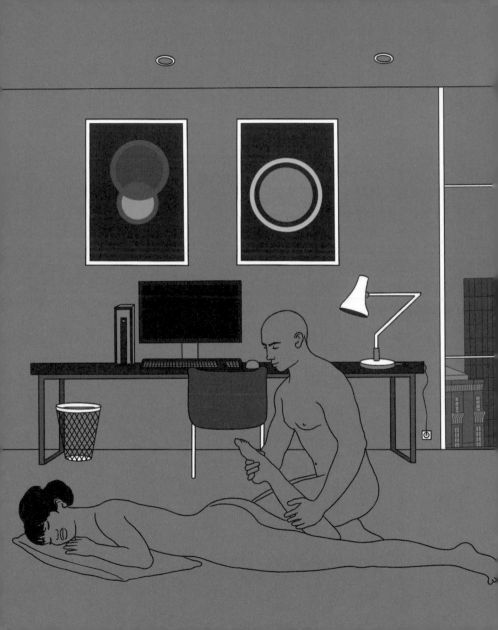

# DÍA
# 104

## DOBLAR EL JUNCO

Un masaje muy relajante para
complacer a tu pareja.

### «Dobla su pierna
y masajéala
sensualmente»

# DÍA 105

## EL CUERVO

Según cuenta el *Kama-sutra*, esta postura es tan divertida que muchas concubinas abandonaban a quienes no querían practicarla.

«Tómate tu tiempo para deleitarte con el placer»

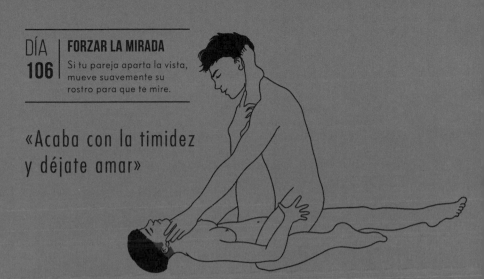

DÍA
**106**

**FORZAR LA MIRADA**
Si tu pareja aparta la vista,
mueve suavemente su
rostro para que te mire.

«Acaba con la timidez
y déjate amar»

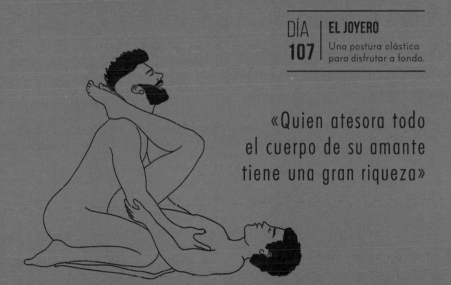

DÍA
**107**

**EL JOYERO**
Una postura elástica
para disfrutar a fondo.

«Quien atesora todo
el cuerpo de su amante
tiene una gran riqueza»

# DÍA
# 108

## UNIÓN DE MIRADAS

Un abrazo sensual, mejor
sobre un suelo blando para
tener una base bien estable.

«Dos cuerpos ladeados
para disfrutar del aire
fresco en la piel»

## DÍA 109 | EL TORNO DEL ALFARERO

Mientras tu pareja gira sobre tus caderas, puedes acariciar sus dulces muslos.

«Un giro para alcanzar la cumbre de la excitación»

## DÍA 110 | EL ABRAZO REVERENTE

Si tienes suficiente fuerza, este abrazo puede ser muy muy apasionado.

«Envuelve a tu pareja con una lluvia de besos»

# DÍA 111

**AMOR EN LLAMAS**

Una deliciosa experiencia que enciende las pasiones.

«Mirando el rostro de tu amado, llénalo de besos hasta despertarle»

# DÍA 112

## POSTURA ASCENDENTE

Deja que la pasión te guíe para estimular el clítoris de tu pareja con el pulgar en esta postura.

«Empujando hacia arriba, haz flotar a tu pareja hasta que alcance el clímax»

# DÍA
# 113

## LA CARICIA CIRCULAR

Excitante y calmante a la vez,
es una excelente caricia para
profundizar en el amor.

«Disfruta en
un ensueño de
sensualidad»

## DÍA 114 · LA BRIZNA DE HIERBA

Una forma maravillosa de
hacerle reír de placer.

«Hazle cosquillas
desde abajo con
la suavidad de
tu lengua»

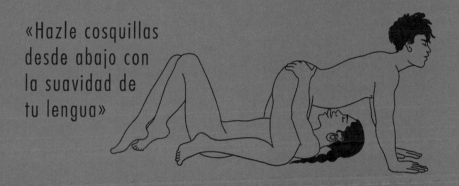

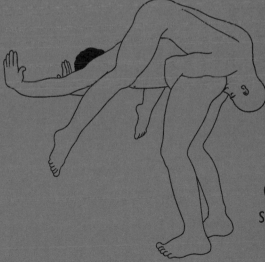

## DÍA 115 · LA TORTUGA

Un desafío para el
que está de pie: lograr
mantenerse firme
cuando la excitación
va en aumento.

«Un amante no
es ninguna carga si
sus manos acarician
lugares deliciosos»

# DÍA
# 116

### LA INCLINACIÓN

Un buen apoyo para los
codos y las rodillas ayuda
a la pareja penetrada a
estar más cómoda.

«Déjate llevar por
un placer total»

### LA COBRA ABANDONA EL NIDO

Una postura intricada y pícara para amantes a los que les gusta reír juntos.

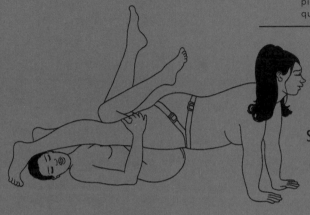

«Deslízate hacia arriba, sal y de nuevo húndete sobre tu pareja»

### COMO EN LA CIUDAD

Según el *Ananga Ranga*, esta es la postura preferida de las almas artísticas.

«Un placer simple para quien ama la sofisticación»

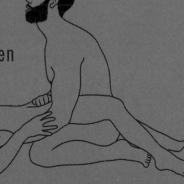

# DÍA 119

### EL *RICKSHAW*

Una postura que pone a prueba los músculos, para practicar en un ambiente cómodo.

«Los amantes con fuerza y vitalidad pueden llevar a su pareja por caminos de placer infinito»

# DÍA
# 120

## EL RECEPTOR EN TENSIÓN

La tensión de esta postura
puede ayudar a tu amante a
lograr un orgasmo intenso.

«Haz trabajar sus
músculos y lleva su
pasión al máximo»

# DÍA
# 121

## BELLEZA INVERTIDA

Una postura para que quien
penetra muestre todo su vigor.

«Admira sin pudor
a tu deseada
pareja»

## UN GATITO COMPLACIENTE

Alterna masaje y suaves
arañazos para provocar
su erotismo.

«Tienta y excita a tu
amante tumbado con
tus garras sensuales»

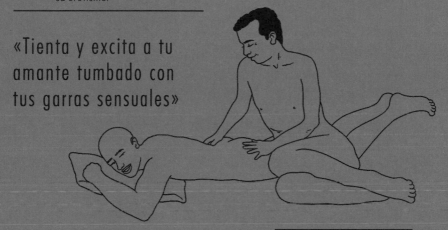

## BROTE FLORAL

Una buena postura
para una penetración
profunda.

«Dobla las piernas
como un brote de
primavera»

# DÍA
# 124

## BESO DE AZALEA

Una oportunidad para explorar
la delicada piel del ano, sin
olvidar el clítoris y la vulva.

«Busca el placer
de los tesoros
de tu amante
con la lengua
y los labios»

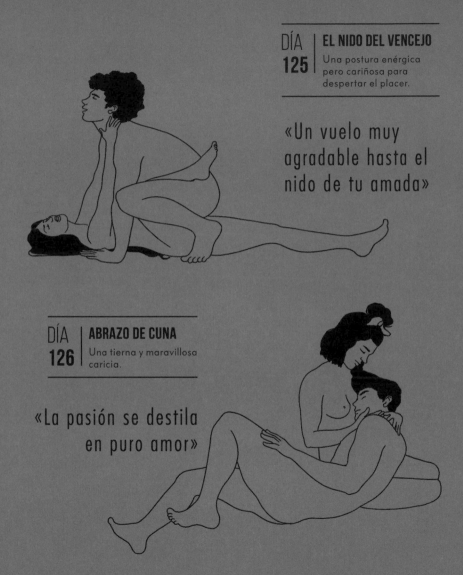

## EL NIDO DEL VENCEJO

Una postura enérgica
pero cariñosa para
despertar el placer.

«Un vuelo muy
agradable hasta el
nido de tu amada»

## ABRAZO DE CUNA

Una tierna y maravillosa
caricia.

«La pasión se destila
en puro amor»

# DÍA 127

## QUEBRAR EL PILAR

Ponte tras tu pareja y besa la parte posterior de su rodilla hasta que sus piernas cedan.

«Nadie se resiste a una caricia que anuncia tantos placeres»

# DÍA
# 128

## EL ARADO ALZADO

Requiere fuerza de la persona
que está siendo penetrada,
pero permite que su pareja
empuje rápido y fuerte.

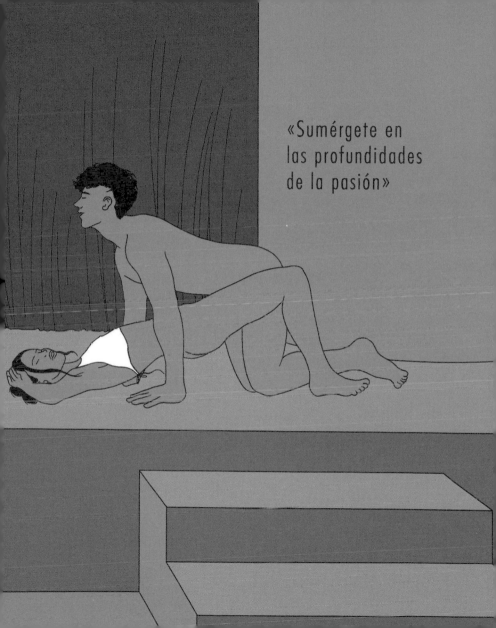

«Sumérgete en las profundidades de la pasión»

# DÍA
# 129

## BESAR EL PÉTALO

Sujeta a tu amante firmemente
mientras se contorsiona presa
del placer.

«El delicado lóbulo de la oreja
es un festín para la lengua»

**LLUVIA DE BESOS**
Un gesto romántico para
recorrer todo su cuerpo.

«Llena de besos
su piel satinada»

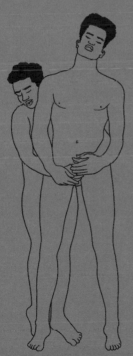

**A DOS MANOS**
Usa lubricante para una
caricia suave y placentera.

«Desliza hacia arriba
una mano y luego la
otra para lograr una
excitación continua»

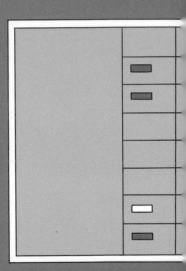

# DÍA 132

## UN RÍTMICO DESLIZ

Una penetración cuidadosa pero vigorosa, perfecta para cuando tu pareja se siente abierta.

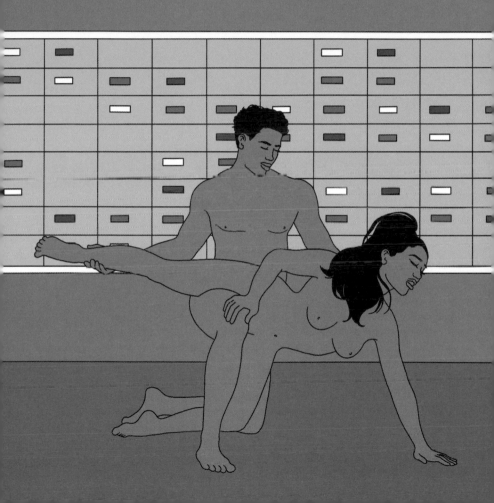

«Entra despacio y sal deprisa
en un dulce ritmo inverso»

## DÍA 133 | EL TRÍPODE

Según el *Panchasayaka*, en el trípode, el amante que penetra sostiene una de las rodillas de su pareja mientras la acaricia.

«Una postura desafiante, óptima para acometidas prolongadas»

## DÍA 134 | LA LLAMA REFLEJADA

Una postura ideal para los abrazos, con la que podrás admirar a tu pareja en todo su esplendor.

«Los cuerpos se reflejan para generar ternura y encender la pasión»

# DÍA
# 135
## UN BUEN AGARRE

Un ángulo inusual que permite
explorar nuevas emociones.

«Sujeta bien a tu
amante mientras
embistes hasta
el fondo»

# DÍA
# 136
### EL BESO TEMBLOROSO

Un beso suave y exploratorio;
guarda la lengua para después.

«Mordisquea un
poco hasta que
la anticipación
explote en placer»

# DÍA
## 137

### *CHUMBITAKA* (BESAR)

Liba el placer y dedica toda tu
atención a su punto sensible.

«Abre los labios y
besa con pasión»

## DÍA 138 | LA LEONA

El *Kama-sutra* dice que puedes elegir qué animal pretendes ser, así que elige uno poderoso.

«Embiste a tu amante y libera la fiera que llevas dentro»

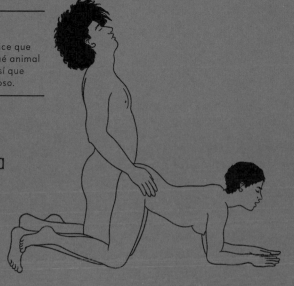

## DÍA 139 | LOS ACRÓBATAS

Esta postura permite una penetración profunda; las pequeñas locuras también son divertidas.

«Una proeza de equilibrio para lucirse con placer»

# DÍA
# 140

## PERROS ATRAPADOS

Un abrazo juguetón para
explorar gracias al contacto
pleno de los genitales.

«Explorando
con curiosidad
animal»

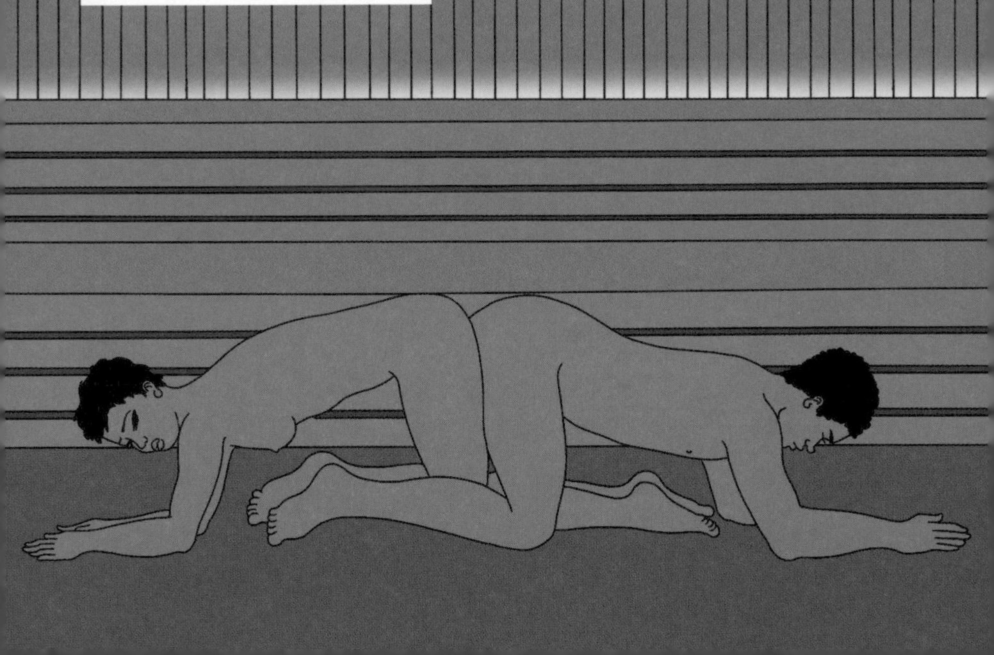

### DÍA 141 | LA MEDIA HEBILLA

Una postura cómoda
para un encuentro
lento y amoroso.

## «Envueltos en una lánguida sensualidad»

### DÍA 142 | EL BESO DEL POTRO

Una forma divertida de
tentar a tu pareja por
la mañana.

## «Arrodíllate a su espalda y cubre su piel de besos y caricias»

# DÍA
# 143

## BROTES NUEVOS

Llena tu romance con la
plenitud de la primavera.

«Colócate sobre
tu amante y no
escatimes besos y
caricias tiernas»

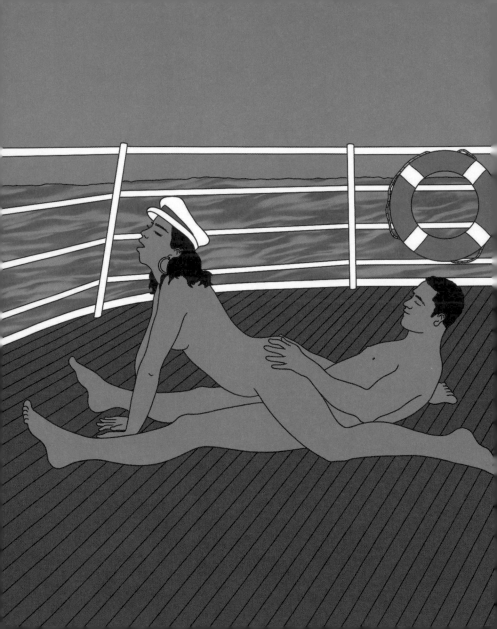

# DÍA
## 144

### EL GIRO

Muy placentero si el pene se curva hacia abajo de forma natural durante la erección.

«Una torsión deliciosa y sensual»

# DÍA
# 145

## EL CUERVO ANIDA

Una variación cómoda de una
de las posturas favoritas.

«Deja que llegue
a la cumbre»

DÍA **146** | ### CUERPOS ENLAZADOS

Con este abrazo disfrutarás de sus exuberantes piernas mientras acercas tus genitales a los suyos.

«Sujétale los muslos y disfruta de su piel»

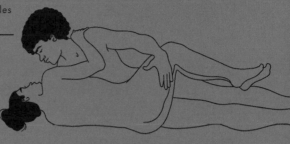

DÍA **147** | ### PLACER INMÓVIL

En esta postura, la persona penetrada actúa como ancla mientras que la otra controla el movimiento.

«Apóyate en una pared mientras tu pareja mueve las caderas y crece el placer»

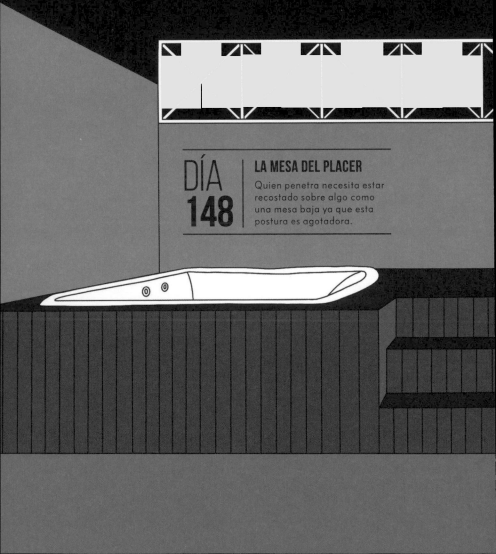

# DÍA
# 148

## LA MESA DEL PLACER

Quien penetra necesita estar
recostado sobre algo como
una mesa baja ya que esta
postura es agotadora.

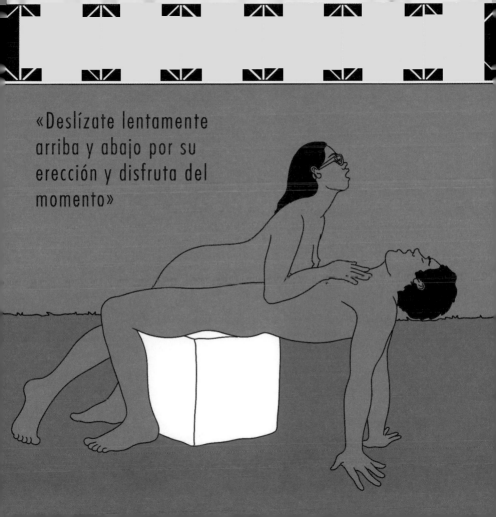

«Deslízate lentamente
arriba y abajo por su
erección y disfruta del
momento»

DÍA
**149**

## HACER SONAR LA CARACOLA

Tamborilea con los dedos
sus partes más sensibles
a un ritmo ligero y suave.

«Toca y seduce a tu
pareja hasta que su
cuerpo cante»

DÍA
**150**

## INCLINAR EL ÁNFORA

Lo mejor es hacerlo sobre
una superficie blanda para
mayor comodidad.

«Agárrate bien y desafía
la gravedad»

# DÍA
# 151

### EL RELOJ DE SOL

Al mantener la pierna estirada,
como la varilla de un reloj de
sol, tus músculos están en la
tensión adecuada.

«No hay sombra
que eclipse un
placer tan brillante»

### ELEVAR A LA DIOSA

Si puedes mantener un buen agarre con tus piernas, las manos de tu pareja estarán libres para darte placer.

«Balancéate en el aire y haz que el placer te lleve hasta los cielos»

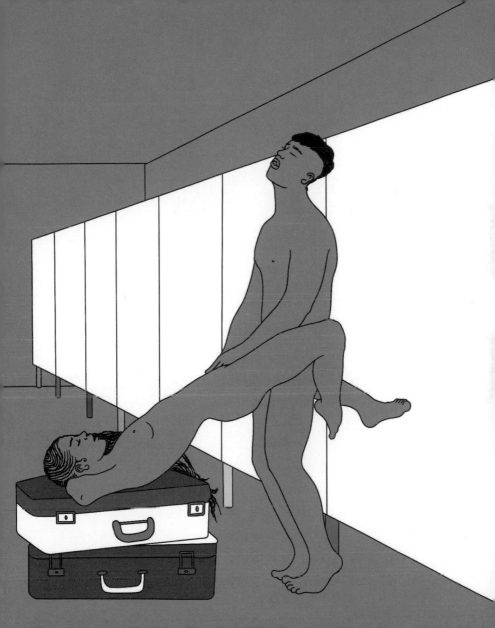

# DÍA
# 153

## EL ARADO

Si vas demasiado deprisa, podrías salirte, así que adopta un ritmo lento y placentero.

«Penetra lenta
y profundamente
en la suavidad
de sus surcos»

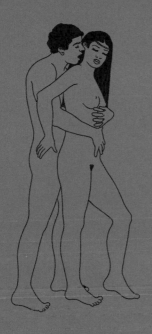

### BESO EN EL AIRE

Lanza un beso en el aire
y deja que tu aliento haga
cosquillas en su piel.

«Una emoción
estremecedora y
sensual»

### EL RIZO

Una postura que también
permite la penetración anal.

«Avanza con suavidad
mientras sus piernas
te envuelven»

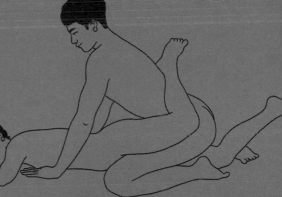

# DÍA 156

## EL PASO DE BAILE

Al curvar tu columna tus senos
se elevan hacia tu amante.

«Acomódate
en su regazo
con gracia y
elegancia»

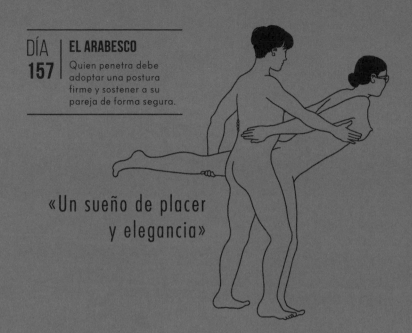

## DÍA 157 | EL ARABESCO

Quien penetra debe adoptar una postura firme y sostener a su pareja de forma segura.

«Un sueño de placer y elegancia»

## DÍA 158 | EL ÁGUILA

Una postura que aviva los deseos de tu pareja mientras la impresionas con tu fuerza.

«Anticipa el ardor antes de descender en picado»

# DÍA 159

## EL BANCO DEL AMOR

Si eres lo bastante flexible
como para mantener esta
postura, disfrutarás de un
placer indescriptible.

«Exponte sin
reparos y alcanza
el éxtasis»

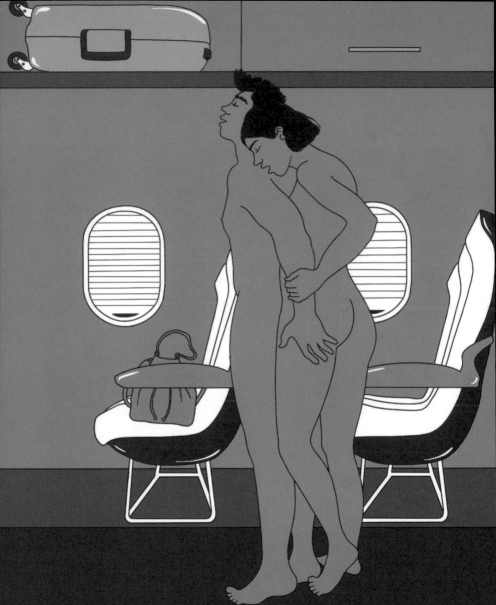

# DÍA
# 160

### EL COLLAR DE CORAL

El *Kama-sutra* sugiere presionar
solo con los incisivos superiores.

«Dibuja un collar
de mordiscos
suaves en sus
hombros y cuello»

# DÍA 161

## LA PROA DEL MARINERO

En esta postura, quien está debajo puede admirar las nalgas y la espalda mientras disfruta del tacto de los senos.

«Un movimiento sensual mientras cabalgas sobre tu amante»

## DÍA 162 | EL BESO DURMIENTE

En unos minutos, la pareja
se despierta excitada y
apasionada.

«Enciende su deseo
dormido con tus
labios»

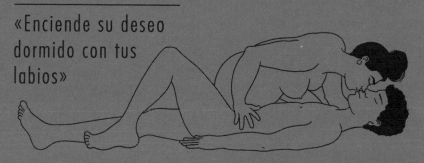

## DÍA 163 | LAS LLAVES DEL AMOR

Sujeta su cabeza
con los pies para
que te mire.

«Con astucia,
desbloquea los
deseos de tu
amante»

# DÍA
# 164
## LA CARRETILLA
Variante natural y fácil de la postura de la pareja levantada.

«Conduce a tu amante al clímax y déjate llevar por el placer»

## DÍA 165 | RÚSTICOS

Puede ser fácil para quien penetra salirse de tu pareja, pero frotarse contra su clítoris es igual de sensual.

«Una delicia terrenal para el amante apasionado»

## DÍA 166 | EL NUDO TENSO

Los amantes con experiencia lo practican para variar el acto sexual, moviéndose siempre en distintas direcciones.

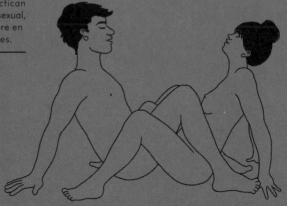

«Presionar los cuerpos aumenta la intensidad de la conexión»

# DÍA 167

## EL VUELO DEL CUERVO

Hay formas más fáciles de buscar el placer, pero a veces los desafíos son muy excitantes.

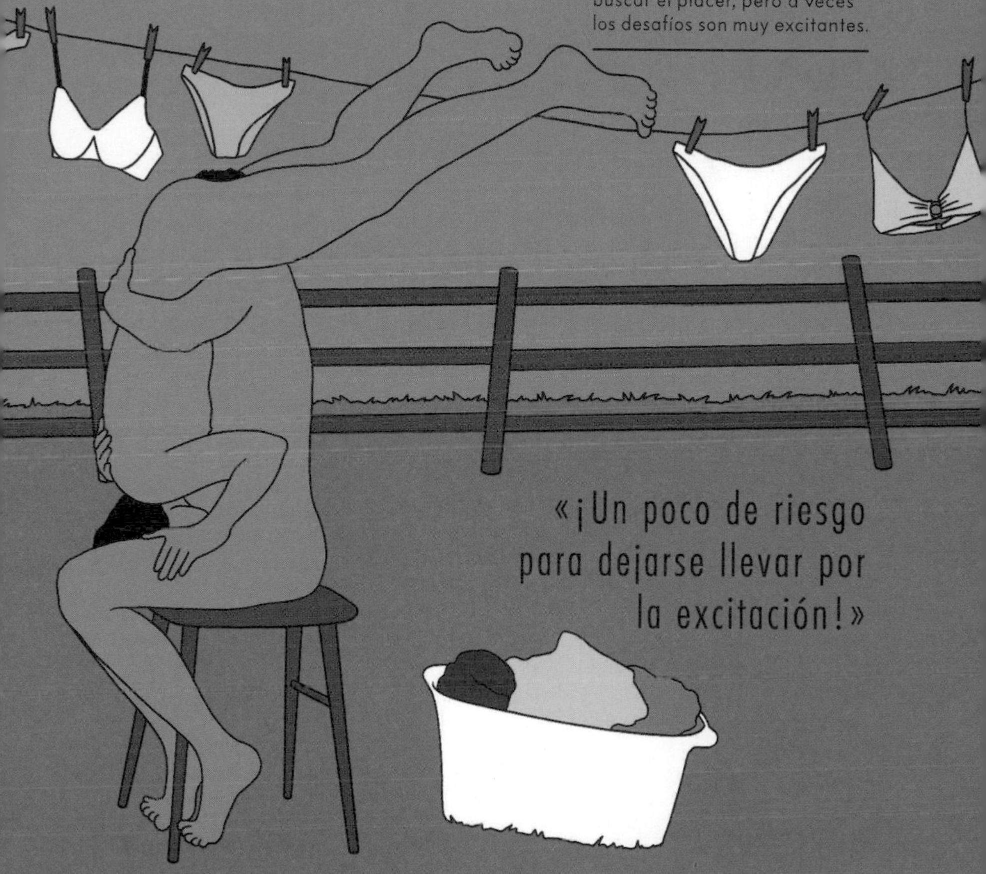

«¡Un poco de riesgo para dejarse llevar por la excitación!»

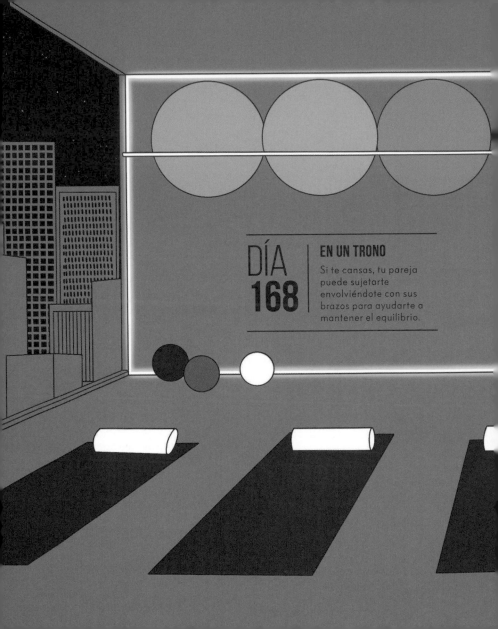

# DÍA
# 168

## EN UN TRONO

Si te cansas, tu pareja
puede sujetarte
envolviéndote con sus
brazos para ayudarte a
mantener el equilibrio.

«Dejándose penetrar en el trono, quien está arriba aprieta los músculos alrededor de su amante»

## HOJAS CAÍDAS

Una postura dulce y tierna
para parejas amorosas.

«Uno sobre el otro, los cuerpos se frotan
en un movimiento lento y sensual»

## DÍA 170 | PALMADAS

Aviva el deseo recorriendo su cuerpo con sugerentes palmadas.

«Hazlo siguiendo un ritmo tentador que despierte sensaciones por toda su piel»

## DÍA 171 | SIGILO FELINO

Una postura cómoda que permite un juego de roles afectuoso.

«Arquea el cuerpo y frota tu pasión contra tu amante»

# DÍA 172

## BATIR EL REQUESÓN

Para una alternativa más fácil, intenta descansar sobre una mesa resistente.

«Sumérgete en un deleite lento e intenso»

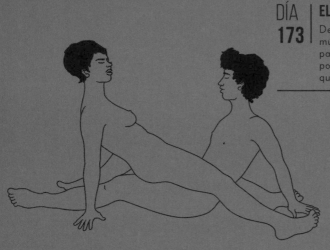

## DÍA 173 | EL COLUMPIO DIVIDIDO

Desafiante para los músculos, pero calmante para el ánimo, es una postura perfecta para quienes se conocen bien.

«Un balanceo que acabará en un frenesí apasionado»

## DÍA 174 | LA BARCA SEGURA

Quien penetra puede apoyar los pies contra algo firme para mantener a la pareja en una postura segura.

«Mécete con tu pareja en un océano de placer»

# DÍA 175

## EL NIDO DE LA SERPIENTE

Un giro inusual con entrada
trasera para las parejas más
aventureras.

«Espiral de placer
y curiosidad»

# DÍA 176

## POSTURA INVERTIDA

Los movimientos de la espalda
de tu amante encienden tu
pasión, así que admira toda
su sensualidad.

«Prepárate para
unas estimulantes
vistas»

# DÍA
# 177

## EL DOBLE ARCO

Resulta muy excitante que
quien está encima mantenga
el torso quieto y solo mueva
las caderas.

«Tensa el cuerpo y
siente el tacto sensual
de piel contra piel»

DÍA
**178**

### EL ABRAZO DE LA AMAZONA

La penetración puede ser un poco insegura, pero hay pocas posturas que sean tan estimulantes.

«Rodea con la pierna a tu amante en un abrazo apasionado»

DÍA
**179**

### PULIR LAS GEMAS

Los pezones pueden ser un camino rápido hacia la pasión, así que acarícialos como se merecen.

«Bruñe sus dulces pezones, duros como diamantes»

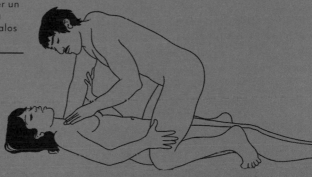

# DÍA
# 180
## A CIEGAS

Seguro que te encanta mirar,
pero trata de cerrar los ojos y
pensar solo en lo que sientes.

«Aférrate y
deléitate con esa
pura sensación»

**TIRÓN DE SEDA**

Procura agarrar un buen mechón, pues tirar de pelos sueltos puede doler.

«Un tirón juguetón para excitar a tu amante»

**LOS PIES EN EL CIELO**

Tanto *Ananga Ranga* como *Panchasayaka* lo recomiendan para una penetración profunda.

«Convertirse en el firmamento y perderse por las constelaciones de la pasión»

# DÍA
# 183

## UN TOQUE DE DISTINCIÓN

Una postura para disfrutar la sensación de tu propia belleza.

«Con un pie alzado, quien está encima, aporta elegancia y sensualidad al momento»

# DÍA 184

## CEPILLAR AL SEMENTAL

Para mantener en forma los músculos de tu amante y obtener un gran placer.

«Sé un buen mozo de cuadra y cuida tu montura»

# DÍA
# 185

## ALAS DE CISNE

Al doblar los brazos hacia atrás,
tus senos quedan expuestos de
una forma deliciosa.

«Presume de tu
hermoso busto»

DÍA **186** | **CÁSCARA DE NUEZ**
Una postura para recordar si tenéis una cama individual.

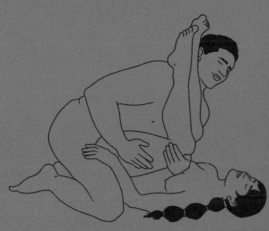

«Dobla las piernas y encaja tu cuerpo con el de tu pareja apasionadamente»

DÍA **187** | **LA ABEJA**
El *Kama-sutra* avisa de que requiere práctica, pero si se hace bien esta postura es dulce como la miel.

«Mueve en círculos las caderas hasta alcanzar el placer»

# DÍA
## 188

### DELICIA DE AMANTES

El *Smaradipika* sugiere que quien penetra deslice sus manos por todo el cuerpo de la pareja acariciándolo.

«Tu corazón late contra sus pies»

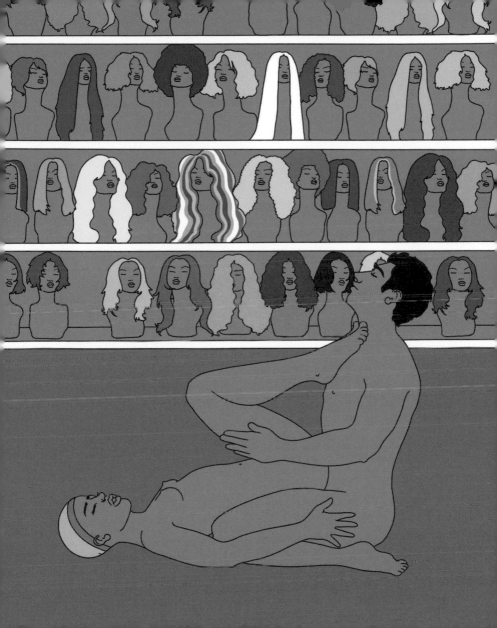

## LAS ESPOSAS

Para disfrutar más,
muévete sobre su cuerpo
indefenso.

«Esposa a tu
amante y haz
que no desee
liberarse»

## LA TRAMPA

Una sujeción ligera para
controlar a tu amante
que es puro placer.

«Atrapa a tu
pareja entre tus
pies y desata
su pasión»

# DÍA
# 191
### EL MEJOR ÁNGULO

Muévete hasta encontrar la inclinación más adecuada para alcanzar el máximo placer.

## «Busca tu ángulo más atrevido»

# DÍA 192

## UN SOPLO DE PLACER

Antes de los besos y las caricias, seduce a tu pareja hasta que se muestre impaciente.

«Incita a tu amante con el fuego de tu boca»

# DÍA
# 193

## EL CANGREJO

Envuelve a tu pareja con pasión
y seducirás tanto su corazón
como su cuerpo.

«Te regalará un
dulce y fogoso
abrazo con brazos
y piernas mientras
le penetras»

DÍA
**194**

**ZAMBULLIRSE DESDE EL PUENTE**

Una posición para esforzarse y reír.

«Sumérgete en un dulce enredo de pasión»

DÍA
**195**

**EL ARQUERO**

Una danza elegante mientras te derrites de excitación.

«Estira a tu pareja como un arco y lánzala hacia el clímax»

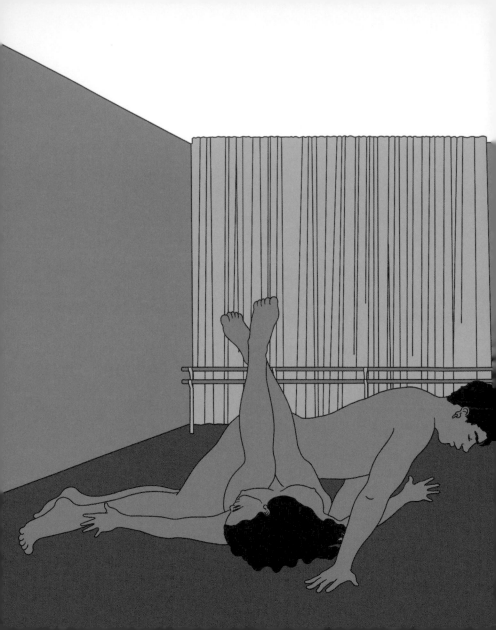

DÍA
**196**

## EL BANCO PLEGADO

Una buena postura para darle unas palmadas juguetonas en sus hermosas nalgas.

«Expuesto y excitado, tienes todo su cuerpo a tu alcance»

## DÍA 197 | EL JUEGO DEL ROCE

Cada amante intenta inclinar al otro mientras mantienen sus partes sensibles eróticamente alineadas.

«Un forcejeo excitante»

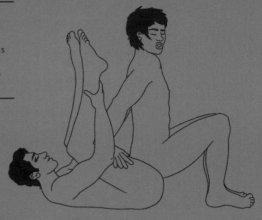

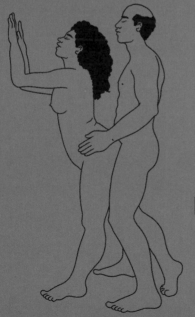

## DÍA 198 | LA GRÚA

Separa las piernas para que tu amante te penetre con firmeza y una pasión profunda.

«Desliza una pierna hacia atrás para abrirte bien a tu pareja»

# DÍA
# 199

## SEDA RASGADA

Denominada así por el sonido de las uñas, es una caricia suave y muy excitante.

«Roza su cuerpo con las uñas hasta que se estremezca de placer»

# DÍA 200

## LA BRÚJULA DOBLE

Es mejor no intentar la penetración en esta postura, aunque es ideal para frotarse.

«Por la forma de moverse sobre ti sabrás cuál es el grado de su placer»

# DÍA
# 201

## LA SILLA DE MONTAR

Una postura eternamente
popular en todas las culturas.

«Para hacer el
amor en dulce y
feliz armonía»

DÍA
**202**

**ALZAR EL VUELO**

Recuéstate en una cama o mesa baja si quieres una postura más cómoda.

«Agachándose ante ti, te penetra para volar directos hacia el cielo del placer»

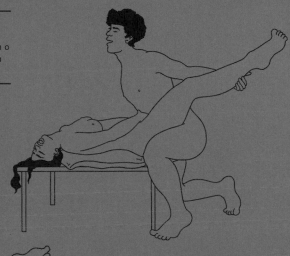

DÍA
**203**

**DOS PINCELES**

Aunque esta postura sea todo un desafío, resulta de una gran belleza.

«Humedécete los labios y muéstrale todo tu arte»

# DÍA
# 204

## DOBLE SUJECIÓN

Un juego que proporciona a
cada amante la emoción del
cazador y del cazado.

«En la postura de
doble sujeción, nadie
quiere escapar ni
renunciar al placer»

## DÍA 205 | POSTURA DE LA CORTESANA

Hacer el amor es mucho más que un simple coito, así que descubre los deseos de tu pareja desde el principio.

«Diviértete con un juego erótico y sensual»

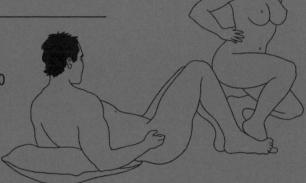

## DÍA 206 | CARICIAS CON EL PIE

La piel del empeine es especialmente suave: déjale sentir la seda de tu tacto.

«Desliza los dedos de los pies por la piel sensible de tu amante»

# DÍA
# 207

## EL CARRO AGITADO

Muy cómodo para una
penetración trasera inversa.
Vale la pena intentarlo.

«Menéate con
ritmo de camino
al placer»

# DÍA 208

## EL SILLÓN

Intenta contraer y relajar tus músculos del amor sobre los de tu pareja y a su alrededor.

«Medita mientras vuestros cuerpos se funden»

# DÍA 209

## EL ASADO

El *Kama-sutra* sugiere que quien es penetrado alterne las piernas, colocando primero un pie junto a la cabeza de su pareja y luego el otro.

«Uno es el asado, el otro el asador, calentándose hasta el éxtasis»

## DÍA 210 | **EL NUDO MIXTO**

Esta postura permite una
penetración vigorosa, pero
a la vez amorosa y tierna.

«Unidos para gozar de
una verdadera pasión»

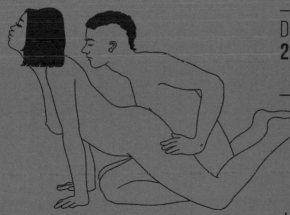

## DÍA 211 | **EL CIERVO**

Penetra a tu
amante mientras
se balancea sobre
sus manos.

«Un ritual
del celo para
las apasionadas
noches de otoño»

# DÍA 212

### *PARIMRSHTAKA* (GOLPECITOS EN LA PUNTA)

Una variante atrevida de la succión habitual en la que tu lengua da fuertes lametones en el glande.

«Toques firmes y sensuales en su fuente de pasión»

## PULIR LA JOYA

Un amante amoroso
acaricia el clítoris de su
pareja durante el coito.

«Mientra la penetras,
el movimiento de tu
pulgar enciende
su deseo»

## BUSCANDO EL RÍO

Una postura inusual que
permite que el que está
encima acaricie desde
ambos lados a la vez.

«Busca su torrente con
las manos mientras
aprietas tu cuerpo
contra el suyo»

# DÍA 215

## LA GATA DORMIDA

En este juego finges estar durmiendo en la cama cuando tu pareja entra en la habitación.

«Disfruta de un dulce sueño mientras se desliza con sigilo dentro de ti para complacerte»

# DÍA 216

## GAJOS DE MANDARINA

Mueve provocativamente tu lengua entre los dedos de sus pies antes de chuparlos.

«Un delicioso placer para la pareja hambrienta de amor»

# DÍA
# 217

## EL RAYO

Nada como las embestidas
potentes y rápidas para jadear.

"Una penetración
profunda y
electrizante»

## DÍA 218 | LA FLECHA

Esta postura exige fuerza tanto al desafiante amante que está arriba como al sumiso que permanece acostado.

«Enfréntate a la fuerza de la gravedad, excitando a tu pareja para que su corazón bombee al máximo»

## DÍA 219 | CAÑAS DE BAMBÚ

Cruza y descruza las piernas sintiendo el tacto de su mano.

«Desliza una pierna sobre la otra para lograr un ritmo suave y fogoso»

# DÍA 220

## LA RUEDA DEL AMOR

Quien penetra puede estar sentado o arrodillado. Una postura fantástica para parejas apasionadas.

«Mueve las caderas hasta que se encienda de deseo»

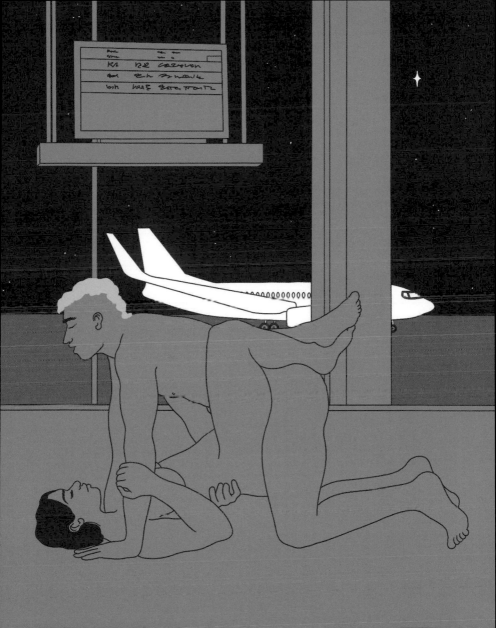

DÍA
**221**

**EL BALANCÍN**

Una oportunidad para renovar la intimidad, sin importar cuánto tiempo hace que dura la relación.

«Disfruta del agradable vaivén del amor renovado»

DÍA
**222**

**LOS LUCHADORES**

Una pelea de muslos que aumenta la excitación del juego.

«Una contienda entre piernas, en la que los dos ganan»

# DÍA
## 223

### HOJAS DE SAUCE

Una postura para frotarse en
lugar de intentar la penetración,
pero igualmente placentera.

«Con los cuerpos
entrelazados,
los amantes
sienten el aleteo
de la excitación»

# DÍA
# 224

### EL BESO INCLINADO

A veces es bueno volver a
lo básico y disfrutar de las
cosas sencillas.

«Buen ángulo para
una exploración
larga y lenta»

# DÍA 225

**EL PÁJARO**

Una postura fácil y placentera
en la que quien está encima
da y se da placer.

«Besa a tu amada
para excitar su
pasión»

DÍA
**226**

## MUY CERCA

Besar la parte interior de sus muslos puede dejar a tu pareja jadeante y ansiosa.

«Comienza acariciando lejos del premio final»

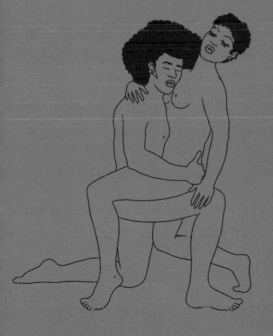

DÍA
**227**

## EL RAYO DE SOL

Esta es una postura exigente, sobre todo si intentas la penetración, pero es ideal si quieres disfrutar sintiendo cómo se tensan sus musculos

«Tu pareja arde de deseo y te rodea con sus piernas como si fueran rayos de sol»

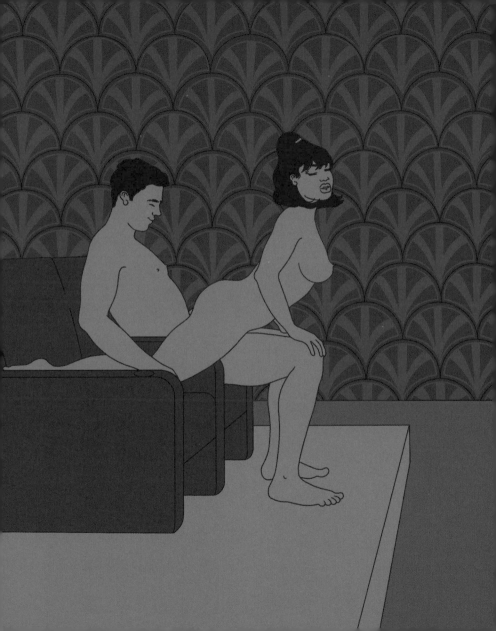

# DÍA
# 228

## LA FOCA

Quien está sentado sujeta las piernas de su amante para que mantenga el equilibrio.

«Sumérgete en un mar de placer»

## DÍA 229

### ESCALAR LA MONTAÑA

Prueba este deslizamiento contra la piel aceitada de tu pareja para una sensual emoción sin penetración.

«Escala cimas de pasión en su cuerpo»

## DÍA 230

### EL BESO TEMBLOROSO

El *Kama-sutra* sugiere que aprietes suavemente sus labios antes de llenarlos de delicados besos.

«Una lengua agitada intensifica el placer»

# DÍA
# 231

### TIERRA CONVULSA

Elévate y desafía a tu amante
a un juego de empujones.

«Hazle vibrar
al ritmo de
tus caderas»

# DÍA
# 232

## RAMAS CRUZADAS

Una postura muy tranquila y
llena de cariño para quienes
saben compartir un silencio
cómplice.

«Relájate y disfruta de
este ángulo inusual»

# DÍA
# 233

## FUNDIDOS EN UN ABRAZO

Una caricia cálida y acogedora
de todo el cuerpo para los
momentos de ternura.

«Un abrazo para
que los cuerpos
se fundan»

DÍA
**234**

### LA ACROBACIA

Para lograr esta postura, pon primero las manos en el suelo. Luego eleva las piernas y llévalas hacia atrás mientras tu pareja te sostiene.

## «Saca la estrella de circo que llevas dentro»

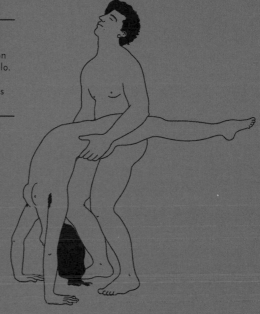

DÍA
**235**

### LA SORPRESA

Un juego solo para los amantes que se conocen desde hace mucho tiempo: consulta antes si le gusta la idea.

## «Despiértala entrando suavemente en su cuerpo»

# DÍA 236

## ABRIR A TIENTAS

Un amante habilidoso puede separar las piernas de su pareja con la mano y el pene.

«Una tentadora penetración por detrás cuando la pareja no puede moverse hacia delante»

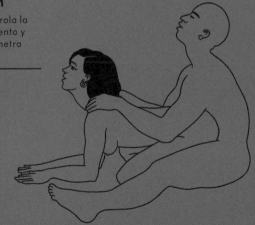

## MASAJE LINGUAL

El *Kama-sutra* te anima a «adorar
vigorosamente» a tu pareja.

«Empieza a jugar
con la punta de la
lengua antes de
ponerte a lamer
a fondo»

## EL RÍO SE UNE AL MAR

Quien está delante controla la
mayor parte del movimiento y
las caderas de quien penetra
se mantienen quietas.

«Para fluir en
profundidades
ondulantes»

# DÍA
# 239

## SALUDO AL AMANECER

Postura meditativa para
retrasar el coito completo.

«Disfruta compartiendo
besos y caricias sensuales»

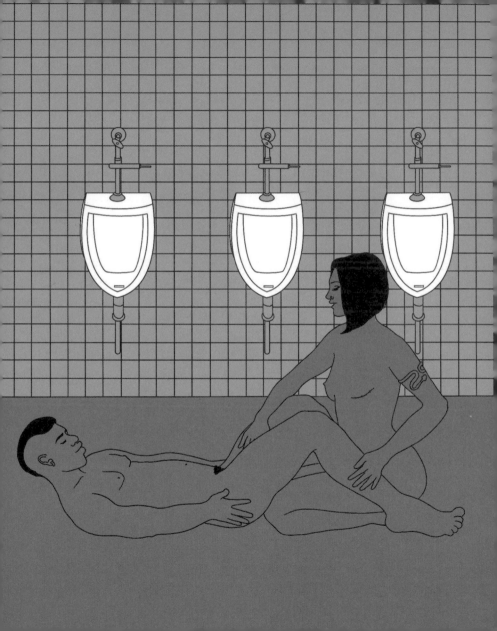

# DÍA
# 240

## CAMINAR CON LOS DEDOS

Unas cosquillas sensuales para
quienes saben hacer esperar a
su pareja.

«Acércate seductoramente
a su pene y luego aléjate,
así avivarás su deseo»

# DÍA 241

## CUCHILLOS CRUZADOS

Es más un ejercicio sexual que
una postura de penetración,
pero resulta excelente para los
juegos previos.

«Eleva el placer
para aumentar
el deseo»

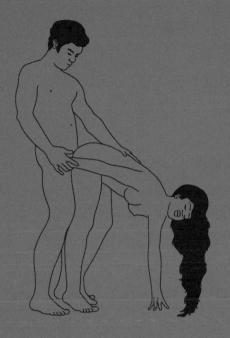

## DÍA 242 | UNIÓN DE LA VACA

Un clásico del *Kama-sutra*: exigente para las piernas, pero maravilloso para una penetración profunda.

«Verdadero deleite animal para los más lujuriosos»

## DÍA 243 | LUBRICAR LAS PUERTAS

Estos preciosos muslos se estiran y tensan en muchas posturas; unas caricias tiernas marcan la diferencia hacia el placer.

«Prepara a tu pareja con un masaje suave»

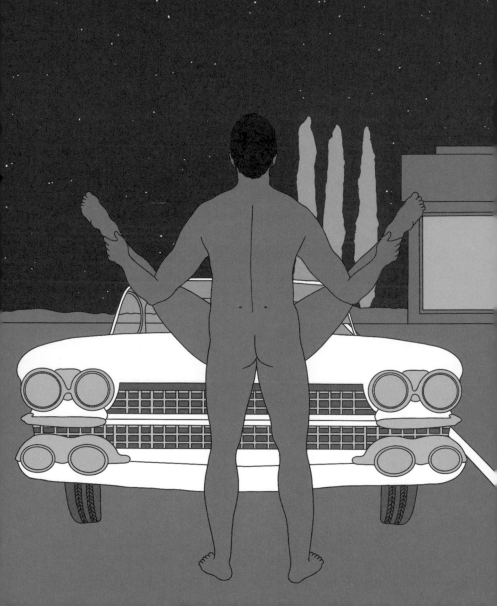

# DÍA 244

## PARTIR EL TRONCO

Un favorito para los que se deleitan sintiendo su dominio.

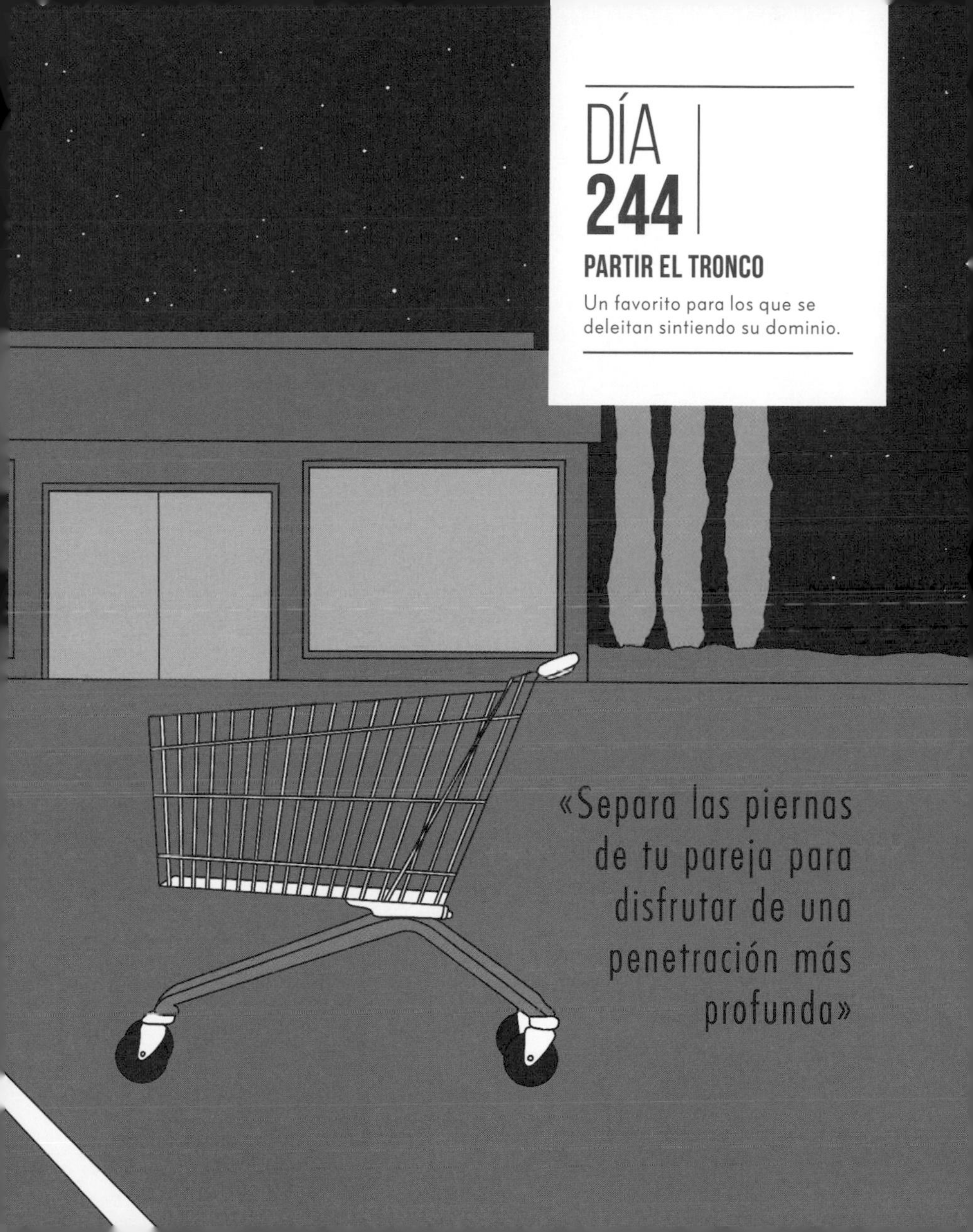

«Separa las piernas de tu pareja para disfrutar de una penetración más profunda»

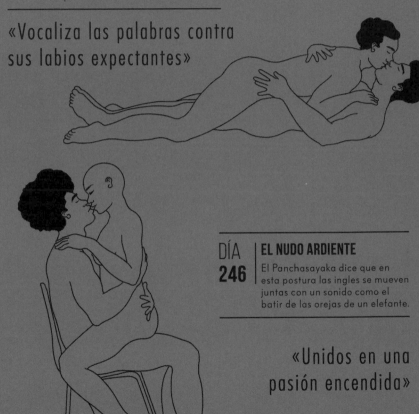

## DÍA 245 | LA PETICIÓN SILENCIOSA

Un juego de adivinanzas para los amantes. Usa solo el movimiento de tu boca para dar una pista de lo que deseas a continuación.

«Vocaliza las palabras contra sus labios expectantes»

## DÍA 246 | EL NUDO ARDIENTE

El Panchasayaka dice que en esta postura las ingles se mueven juntas con un sonido como el batir de las orejas de un elefante.

«Unidos en una pasión encendida»

# DÍA 247

## LAS CAÑAS FLOTANTES

Tu cuerpo se balancea con las
embestidas de tu pareja.

«Déjate llevar
por un profundo
placer»

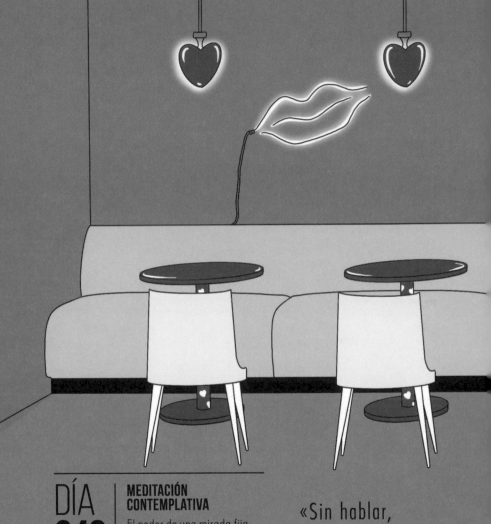

# DÍA
## 248

### MEDITACIÓN CONTEMPLATIVA

El poder de una mirada fija no puede subestimarse: tocaos en silencio durante cinco minutos.

«Sin hablar, que los gestos lo digan todo»

# DÍA
# 249

## CABEZA ATRÁS

Para una mayor excitación, inclina hacia atrás la cabeza de forma que tu respiración quede restringida, siempre y cuando tu pareja vele por tu seguridad.

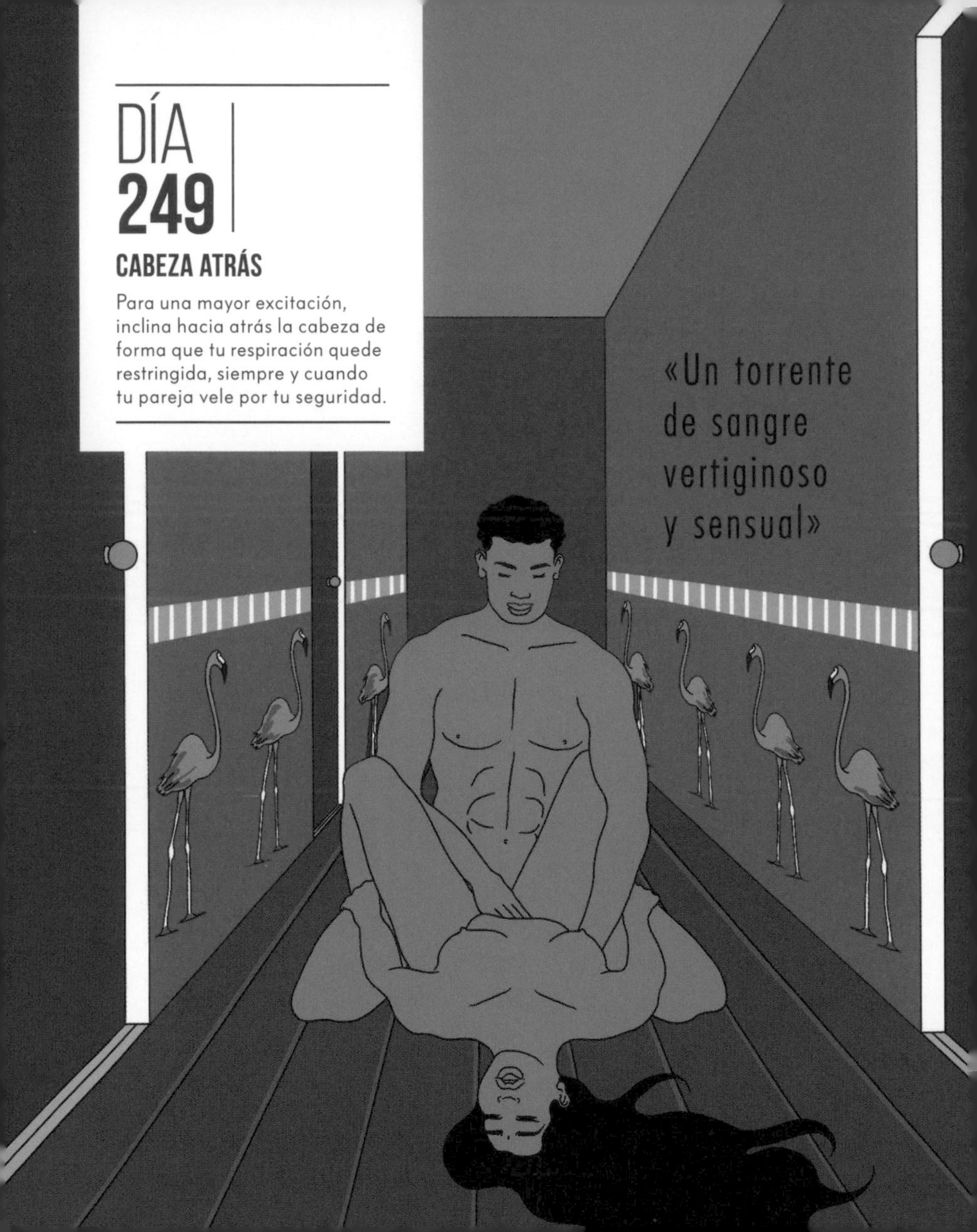

«Un torrente de sangre vertiginoso y sensual»

# DÍA 250 | EL MEDIO GIRO

Una postura para sorprender y confundir nuestras expectativas, perfecta para los momentos más lúdicos.

«Crea suspense y disfruta con tu amante»

# DÍA 251 | LEVANTAR LA HAMACA

Cuando se quiere demostrar la propia fuerza, esta es la postura ideal.

«Disfruta del placer absoluto mientras te levanta»

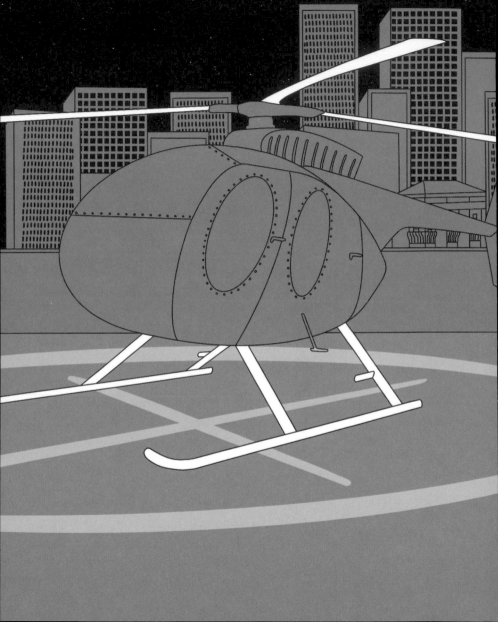

# DÍA
## 252

**CLAVAR EL CLAVO**

Una postura en la que el control puede cambiar en solo un instante.

«Puedes penetrar a fondo, pero solo si los pies de tu pareja te lo permiten»

## DÍA 253 | MAR POCO PROFUNDO

En esta postura, la penetración depende del ángulo de los genitales de la pareja, pero también es un magnífico abrazo sensual.

«Deja que el placer te acaricie mientras te mueves con tu pareja»

## DÍA 254 | LA CARICIA DE LA ARAÑA

Pasa las uñas muy suavemente por su cuero cabelludo: los escalofríos que provocan pueden ser sorprendentemente intensos.

«Escalofríos de placer en su columna»

# DÍA
# 255

### VIENTRE DE CARICIAS

Un maravilloso doble deleite:
el placer de tu tacto y la vista
de tus sensuales movimientos.

«Muévete sobre
el miembro de tu
pareja hasta que
jadee de deseo»

## DÍA 256

### EL ABRAZO DE MARIPOSA

El contraste entre la suavidad de los dedos y la cálida presión de las caderas es delicioso.

«Traza movimientos delicados en su espalda»

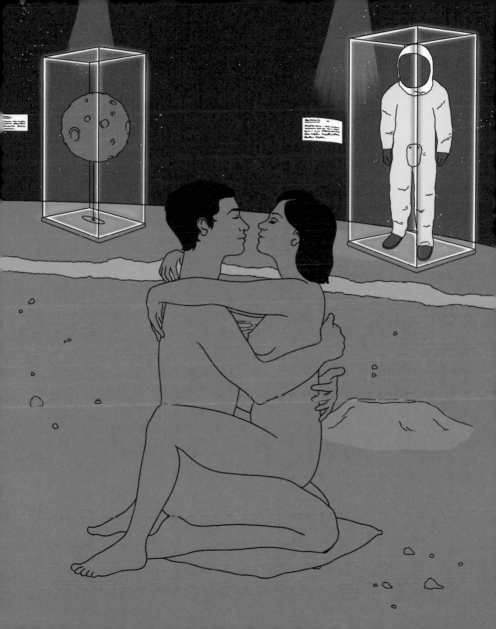

# DÍA 257

## EL GOLPE

Una penetración que el *Kama-sutra* describe como una retirada completa seguida de un golpe profundo en el útero.

«Un vaivén rápido e intenso que hará jadear a la amante más lánguida»

## DÍA 258 | EL ALTAR

Es una postura para gimnastas, pero disfrutarás mucho de ella si llegas a hacerla.

«La pareja se ofrece a compartir el placer con su amada»

## DÍA 259 | LA PRENSA PROFUNDA

Inclinándose hacia atrás, se descansa el peso sobre los hombros de la pareja para obtener más placer.

«Excítale por dentro y por fuera»

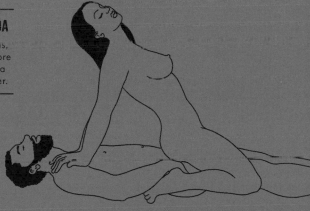

# DÍA
# 260

## LA BELLOTA

Una postura con entrada
trasera y un agarre firme.

«Bien acoplados
y listos para que
crezca el placer»

### EL GATO ACICALADO

Una buena manera de lograr un ángulo inusual y un gran placer para quienes aman las piernas de su pareja.

«Levanta una pierna como un gato que ronronea y deja que su energía te seduzca»

### *PIDITAKA* (PRESIÓN)

Una penetración amorosa que el *Kamasutra* sugiere para variar; si tu pareja es poco profunda por dentro, hazlo con suavidad.

«Sumérgete e impúlsate hacia el placer»

# DÍA
# 263

## MECER LA CANOA

Los menos atléticos pueden
ayudarse apoyándose en una
mesa baja o una silla.

«Sube y baja
en una suave
corriente»

# DÍA
# 264

**EL LOTO**

La pareja penetrada cruza las
piernas en posición del loto.
Es una de las posturas más
famosas del *Kama-sutra*.

«Un clásico delicioso del yoga»

# DÍA
# 265

**EL COLUMPIO**

Un enérgico juego de balanceo
para estimular el cuerpo.

«Con las piernas
juntas, balancearse
es un juego muy
sensual»

## LA CIERVA ENCABRITADA

Un abrazo que puede
convertirse en un acto
sexual apasionado en
un instante.

«Salta contra
el cuerpo de
tu cierva»

## LOS CUERNOS DEL TORO

Una postura cómoda para
quienes están dispuestos a
rendirse.

«Domina a tu
orgulloso amante
a voluntad»

# DÍA
# 268

## LA MEDIA MONTURA

Una variación para amenizar
el sexo más convencional.

«Gírate y lánzale
una mirada
cautivadora en
pleno coito»

## EL SALUDO DE LA REINA

Una forma algo traviesa de
iniciar la seducción: dale
una sorpresa real.

«Ocupa tu
trono real»

## COITO FLOTANTE

Esta postura funciona
mucho mejor si él es
fuerte y ella, menuda.

«Envueltos de belleza
para conocer el deleite
absoluto»

# DÍA 271

## EL MONO

Una posición natural con movimientos rotatorios, sacando a relucir tu yo más primario.

«Revuélvete entre sus muslos hasta que jadee de placer»

# DÍA 272

## MEDIA TENAZA

Cuando empujas, penetras a tu amante hasta lo más hondo.

«Atenazado pero con libertad de movimiento, logra el placer con toda tu vitalidad»

# DÍA 273

## LA MONTURA ENROSCADA

No hay nada como la sensación
de una penetración firme, así
que hazte una bola y verás qué
sucede.

«Aprieta los
músculos para
atrapar su pasión»

DÍA
**274**

**LA LIEBRE**

Sobre una superficie estable, quien penetra puede hacerlo con un gran vigor.

«Acurrúcate sobre una mesa y déjate llevar por el placer»

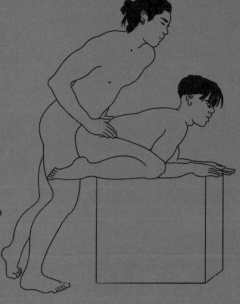

DÍA
**275**

**EL ABRAZO DEL CISNE**

Una forma sensual de enlazarse para disfrutar de largos y dulces besos.

«Refúgiate entre las piernas de tu pareja y susúrrale palabras amorosas»

# DÍA
# 276

### EL VENTILADOR

Sujetándose con los brazos por
detrás y por delante, quien está
encima se mueve con vigor.

«Deslízate de
un lado a otro
hasta que los
dos alcancéis
el clímax»

DÍA
277

**DOS RANAS**

Postura enérgica
en la que hay que
tener cuidado de
no resbalar.

«Impulsados
por las piernas
en el balanceo,
sensualmente
juntos»

DÍA
278

**LA VAINA**

Siéntete como un
auténtico guerrero
de la seducción.

«Deja a un lado toda
inhibición y deslízate
por el interior de
sus deseos»

# DÍA 279

## EL MOLINILLO

El truco es que quien está arriba dé un giro para pasar de estar de cara a dar la espalda sin separarse.

«Endulza el momento con un erótico giro»

# DÍA
# 280

## RECORRER EL CAMINO MÁS ALTO

Si se busca un juego amoroso suave, esta es una forma deliciosa de comenzar.

«Traza una línea de besos delicados en su escote»

# DÍA
# 281

## LA RAMA EN FLOR

Una postura excelente para
recostarse y disfrutar de un
momento balsámico.

«Balancéate
como una hoja
en la brisa»

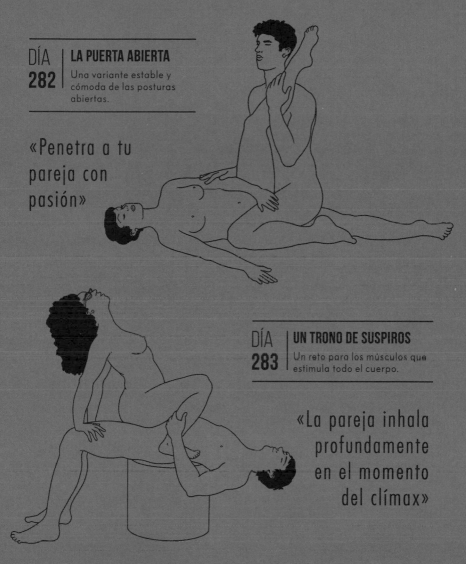

DÍA
282

**LA PUERTA ABIERTA**
Una variante estable y
cómoda de las posturas
abiertas.

«Penetra a tu
pareja con
pasión»

DÍA
283

**UN TRONO DE SUSPIROS**
Un reto para los músculos que
estimula todo el cuerpo.

«La pareja inhala
profundamente
en el momento
del clímax»

# DÍA
## 284

### EL TRAPECIO

Mientras tus manos aguanten,
liberarás a tu pareja y podrá
poner toda su energía en la
penetración.

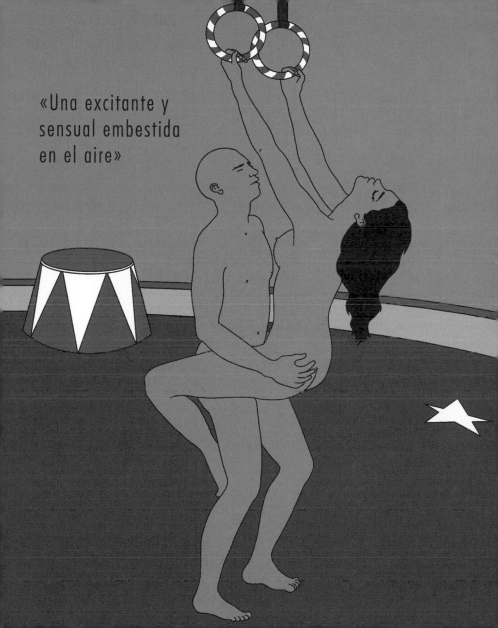

«Una excitante y sensual embestida en el aire»

## DÍA 285 | EL LAGARTO

Buena postura para que los amantes hablen y bromeen.

«Deslízate sobre tu pareja con un movimiento sensual»

## DÍA 286 | LA COLA DE TIGRESA

Lleva una pierna hacia atrás para acariciar su espalda.

«Unas cosquillas inesperadas para el tigre»

# DÍA
# 287

**PUNTEAR EL LAÚD**

Un buen amante acaricia el
clítoris de su pareja con la
destreza de un músico.

«Toca un doble
acorde de placer»

# DÍA
# 288

## MOLDEAR LA ARCILLA

Una voltereta apasionada que
permite un cambio de posición
a mitad de camino.

«Amolda sus
piernas a las
tuyas»

# DÍA
# 289

## SOBRE LOS HOMBROS

Requiere habilidad acrobática,
pero es muy divertido intentarlo.

«Profundo placer para el
que penetra mientras su
pareja equilibra el cuerpo»

DÍA **290** | **EL LIBRO ABIERTO**
Sin hablar, solo con los sentidos como guía hacia el placer.

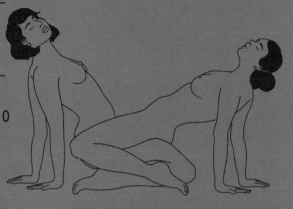

«Haz que tu cuerpo sea un texto que tu amante quiera leer con pasión»

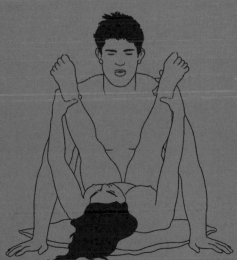

DÍA **291** | **LA EMBESTIDA DE TORO**
El *Kama-sutra* describe esta penetración como «un toro que sacude sus cuernos».

«Muévete enérgicamente en todas las direcciones»

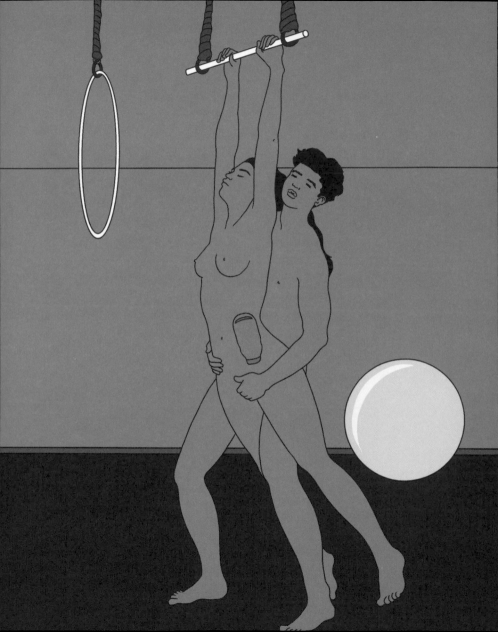

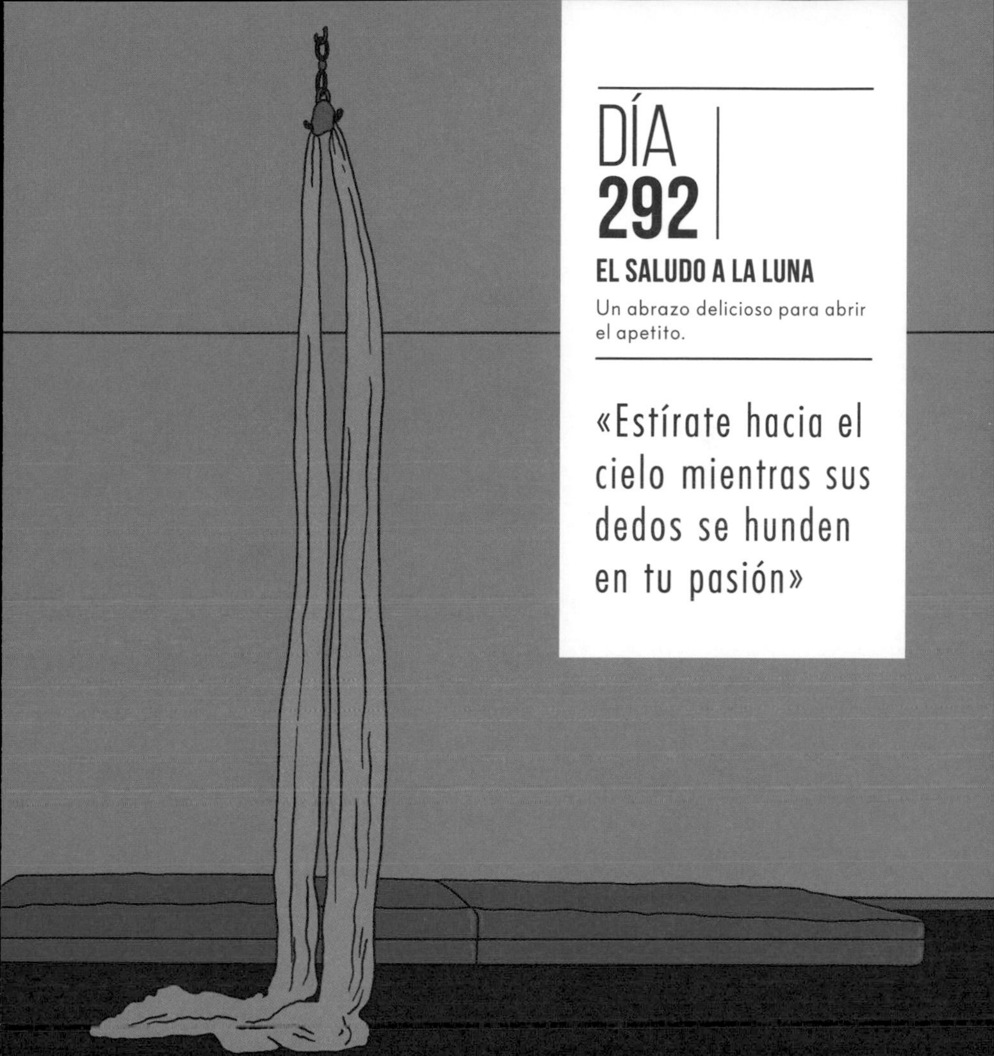

# DÍA
# 292

## EL SALUDO A LA LUNA

Un abrazo delicioso para abrir el apetito.

«Estírate hacia el cielo mientras sus dedos se hunden en tu pasión»

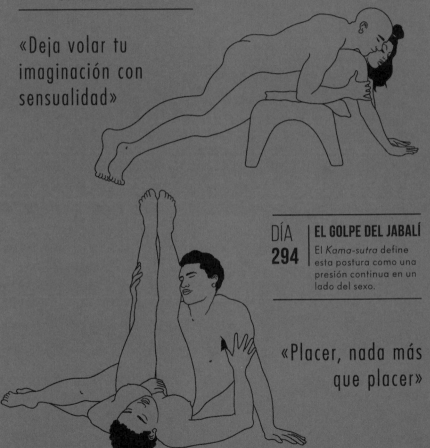

## DÍA 293 | LA LEONA ATRAPADA

Esta postura permite no pensar en nada más que en los dos.

«Deja volar tu imaginación con sensualidad»

## DÍA 294 | EL GOLPE DEL JABALÍ

El *Kama-sutra* define esta postura como una presión continua en un lado del sexo.

«Placer, nada más que placer»

# DÍA
# 295

## FLECHA DE AMOR

El *Ratikallolini* sugiere que pongas un pie sobre tu corazón, pero el pecho de tu compañero va igual de bien para las menos gimnastas.

«Déjate herir de placer»

«El toque más ligero
puede ser el más dulce»

## DÍA
## 296

### DEDOS DE PLUMA

Acaricia muy
suavemente la piel
de tu pareja.

# DÍA
# 297

**MECER LA TORTUGA**

Confía tu equilibrio a tu
amante y piensa solo en
tu deseo.

«Sal de tu
caparazón...
o invítale a
entrar»

## TENSAR EL ARCO

Más un abrazo que una
postura sexual, pero
maravilloso para mostrar
tu buen estado físico.

«Tensa el cuerpo
para seducir a
tu pareja»

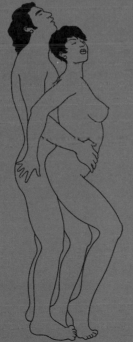

## DARDO DE AMOR
## ANTICIPADO

Nada mejor que mantener la
postura hasta que la tentación
se haga demasiado difícil de
resistir.

«Excítate con su
pene erecto»

## EL MONO TREPADOR

Una postura tremendamente divertida y sensual en la que conviene que quien trepa sea menudo.

«La emoción de las travesuras imprudentes»

**ENROSCADOS**

Permite una penetración
muy profunda sin ser una
postura demasiado exigente.

«Envuelve a tu
amante con una
pierna sinuosa»

**LA TÁCTICA
DE LA CORTESANA**

Una postura gimnástica en la
que cada amante se concentra
en su propia excitación.

«Date placer
abiertamente
mientras te
penetra»

# DÍA 303

### LA CASCADA

Quien es capaz de poner en práctica esta postura se gana la admiración de su pareja.

## «Deslízate por una cascada de pasión»

# DÍA
# 304

**EL DELFÍN DE RÍO**

Quien está encima puede
hacerlo durante el acto sexual.

«Eleva el torso
para respirar
entre las olas
del éxtasis»

# DÍA
# 305

## EL CAMILLERO

Una prueba de fuerza incluso
para los muslos más poderosos,
pero siempre puede usarse una
silla si tu pareja se cansa.

«Está totalmente
a tu servicio»

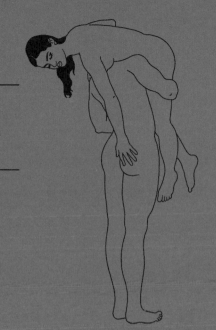

## DÍA 306 | **EL RAPTOR**

Una forma divertida de captar la atención de tu pareja y comenzar un juego sexi.

«Saca de la rutina a tu amante»

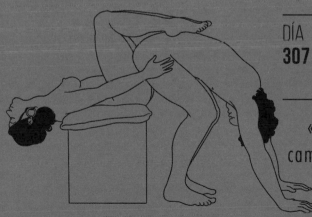

## DÍA 307 | **LA BÚSQUEDA**

Sin duda no es el ángulo más fácil, pero probarlo puede ser muy divertido.

«¡Encuentra el camino y alcanza la gloria!»

# DÍA
# 308

## EL BAILE DEL ESPEJO

Un juego sensual para
profundizar en la intimidad.

«Dos cuerpos que
se funden en una
armonía perfecta»

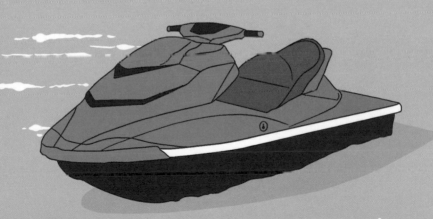

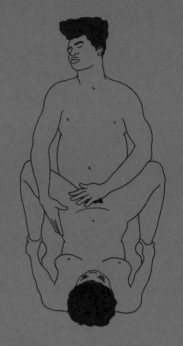

DÍA
309

**OFRECER PLACER**

Un amante de corazón tierno puede complacer a su pareja con la mano al mismo tiempo.

«Eleva tu cuerpo y ábrelo para tu amante»

DÍA
310

**CUIDAR LA BELLEZA**

Una postura cariñosa y relajante para los momentos en que tu pareja merece toda tu atención.

«Abraza a tu amante para viajar hasta el clímax»

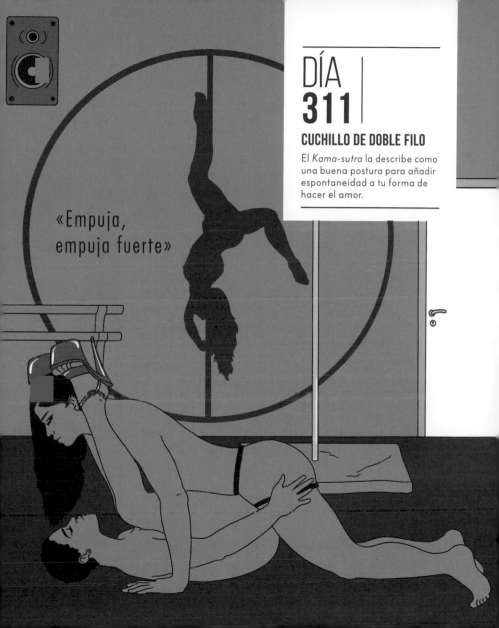

# DÍA
# 311

## CUCHILLO DE DOBLE FILO

El *Kama-sutra* la describe como una buena postura para añadir espontaneidad a tu forma de hacer el amor.

«Empuja, empuja fuerte»

# DÍA
# 312

## LA CAMA SIN SÁBANAS

No es prudente intentar la
penetración, pero está bien
para despertar la excitación
e impresionar a tu amante.

«Levántate para
ser su sofá»

# DÍA
# 313

**EL TESORO DEL MUSLO**

Con un poco de lubricación,
este es un dulce regalo para
los días en los que no quieres
penetración.

«Nadie olvida las
delicias sedosas
de la piel de su
amante»

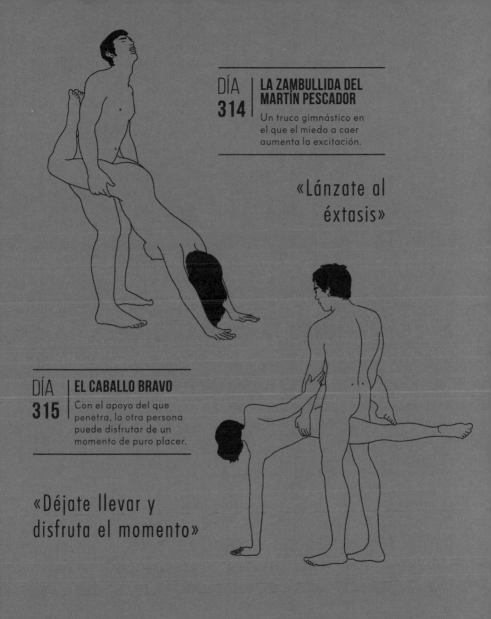

DÍA
**314**

## LA ZAMBULLIDA DEL MARTÍN PESCADOR

Un truco gimnástico en el que el miedo a caer aumenta la excitación.

«Lánzate al éxtasis»

DÍA
**315**

## EL CABALLO BRAVO

Con el apoyo del que penetra, la otra persona puede disfrutar de un momento de puro placer.

«Déjate llevar y disfruta el momento»

# DÍA
# 316

## DOBLES CUCLILLAS

Una postura exigente
en la que cada amante
contribuye a la diversión
con su flexibilidad.

«Placer y sonrisas
con las piernas
entrelazadas»

DÍA
**317**

### ABRAZO MOLDEADO

Un movimiento apasionado para dejar a tu pareja boquiabierta.

«Toma a tu amante entre tus brazos y llena su pecho de besos ardientes»

DÍA
**318**

### MIRAR BAJO LA PUERTA

Aunque no logres la penetración en esta postura, puedes disfrutar de la diversión.

«Encuentra su mirada en una inesperada intimidad»

# DÍA 319

## AFINAR EL INSTRUMENTO

En lugar de ir directamente a la penetración, frota sus labios externos hasta que estés bien preparado.

«Mantente firme y compón una sinfonía de anticipación»

## LA RAMA CAÍDA

Una forma sensual de cambiar
de postura y probar un nuevo
abrazo.

«Húndete en un
suspiro mientras
tu amante ve tu
belleza florecer»

# DÍA 321

## PIES JUNTOS

El *Ratikallolini* califica esta postura como un camino hacia el éxtasis.

«Acaricia a tu pareja con los pies y las manos en una sensual armonía»

## DÍA 322 | EL LAZO DEL AMANTE

Una estratagema de lo más seductora, según el *Smaradipika*.

«Presiona tus muslos alrededor de su cuerpo y complácete con sus jadeos»

## DÍA 323 | LA ZANCADA

Una manera sensual de iniciar el juego do amor.

«Apóyate contra tu amante y lánzate al placer»

# DÍA
## 324

### EL ABRAZO DEL SOLDADO

Una postura enérgica, perfecta
para cuando no necesitas más
que a tu pareja.

«Hay que aprovechar
la oportunidad, en
cualquier lugar»

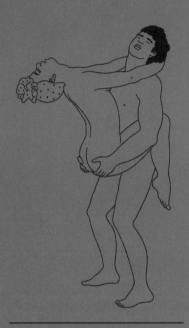

DÍA
**325**

**LLEVAR LA CESTA**

Puedes apoyarte en una mesa si es necesario, pero es divertido intentarlo así.

«Deléitate en sus brazos, una carga sensual»

DÍA
**326**

**LA TRAMPA INVISIBLE**

Una excitante postura que deja libre a quien penetra para controlar desde abajo.

«Con el soporte de tus piernas, tu pareja debe moverse al ritmo que tú marcas»

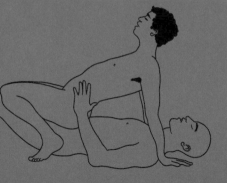

# DÍA
# 327

### BESAR EL PULSO

Un momento profundamente
romántico mientras aprecias
la vida de tu pareja.

«Posa tus labios
donde su sangre
late con pasión»

# DÍA 328

## MUSGO EN LA RAMA

Un abrazo elástico e íntimo para momentos meditativos.

«Una buena forma de aferrarse y cultivar la intimidad con amor»

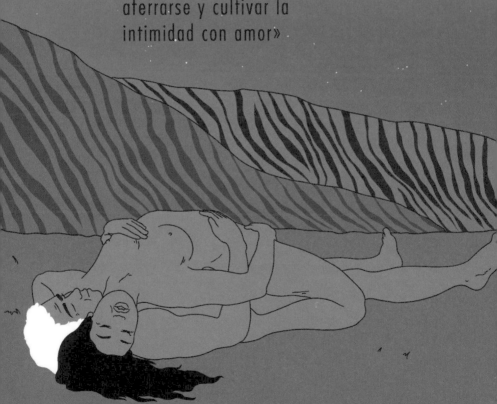

# DÍA 329

## BLANDIR LA ESPADA

No apto para principiantes; siempre hay algo nuevo que aprender en el *Kama-sutra*.

«Quien recibe la penetración se balancea a merced de su pareja»

## DÍA 330

### PRUEBA DE CONFIANZA

Demuestra tu amor
equilibrando tu deseo de
acariciarla con la promesa
de mantenerla a salvo.

«Complace a tu
pareja, pero evita
que se caiga»

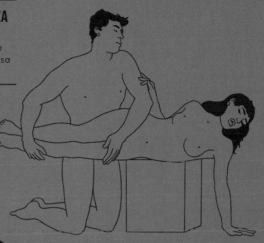

## DÍA 331

### DOS ÁRBOLES CRECIENDO JUNTOS

Posición apasionada
que requiere que los
amantes combinen
sus fuerzas.

«Como un único
fuego de pasión»

# DÍA
# 332

## UN AIRE EVOCADOR

Una manera divertida y
excitante de iniciar tu
seducción.

«Seduce con
suaves soplos
juguetones»

DÍA
**333**

**LA NUTRIA SALTARINA**
Una postura lúdica y
desafiante, que se
practica mejor sobre
una superficie blanda.

«Prepárate para
sumergirte en
el placer»

DÍA
**334**

**EL CAMBIO**
Una postura muy lograda
que debe aprenderse con
práctica y prudencia.

«Hay que mostrar
agilidad para girar sin
perder la conexión»

«Un forcejeo de manos entrelazadas mientras las caderas practican un juego más profundo»

# DÍA
# 336

### EL LOTO BAJO

El *Kama-sutra* sugiere que la persona penetrada cruce las piernas bajo la barbilla de su pareja. Esta es una variante más fácil para la mayoría.

«Aférrate bien a sus firmes caderas»

# DÍA
# 337

## LA ENREDADERA

El *Ratimanjari* compara este entrelazado lento y suave con el vaivén de la fragante planta de jazmín.

«Sus piernas
se mueven
al ritmo de tus
embestidas»

## DÍA 338 | DIBUJAR EL PULSO DEL CORAZÓN

Una caricia tierna y tentadora para amantes que prolongan la anticipación.

«Traza una estela de amor sobre su piel con la punta de un dedo»

## DÍA 339 | CESTA DE BUFANDAS

Los cuerpos se entrelazan hasta que apenas se sabe quién es quién.

«Un enredo de piernas»

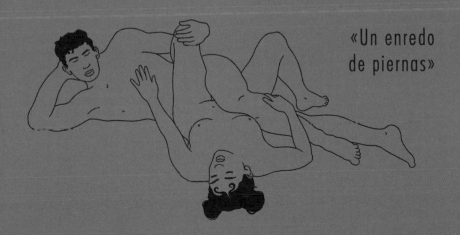

# DÍA 340

## LA ESCALERA TOMADA

La pierna estirada del todo hacia arriba ayuda a aprovechar el espacio limitado.

«A veces el dormitorio está demasiado lejos»

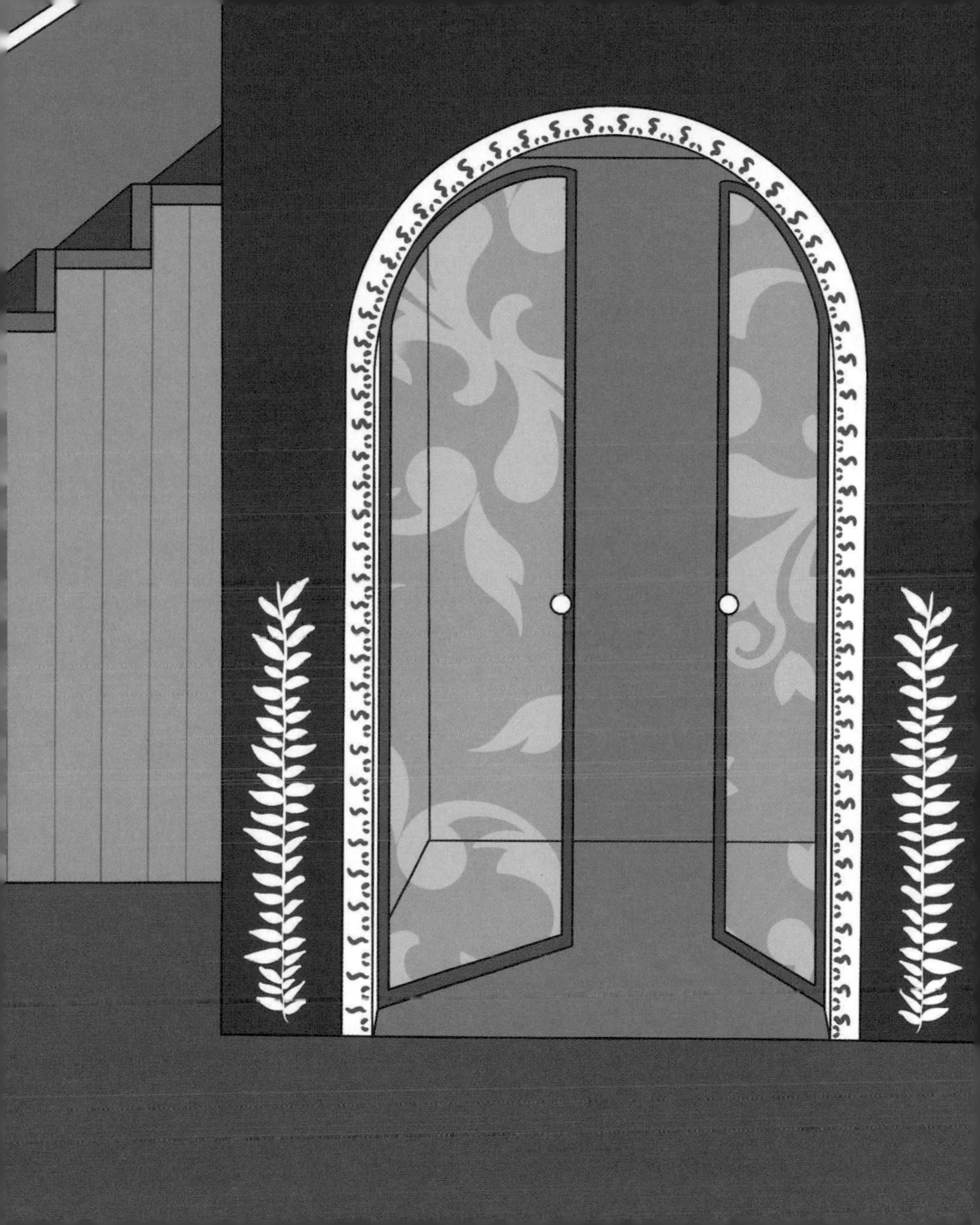

## EL PULSO RESPIRATORIO

Una meditación sexual que combina un movimiento vigoroso y una intensa autoconciencia.

«Empuja
y respira
al unísono
con tu
pareja»

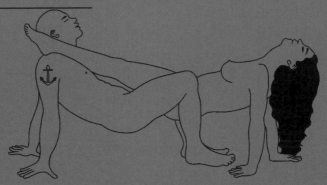

## EL AVANCE DEL ZORRO

Si quien recibe la penetración es capaz de mantener su posición, la postura es sorprendentemente cómoda para su pareja.

«Convierte tu
cama en un
territorio
salvaje»

# DÍA
# 343

## LA RANA

Una postura gimnástica en la
que gran parte de la diversión
está en rebotar uno contra otro.

«Salta y mécete,
pero no dejes que
escape»

# DÍA 344

## EL ABRAZO ÍNTIMO

Presiona tu cuerpo contra la
piel desnuda de tu pareja.

«Disfruta de un
momento amoroso
mostrando tu ternura»

# DÍA
# 345

### EL SOFÁ DEL AMOR

Una postura íntima en la que tu pareja podrá poner los cinco sentidos en tu clítoris.

«Recuéstate sobre sus piernas y disfruta»

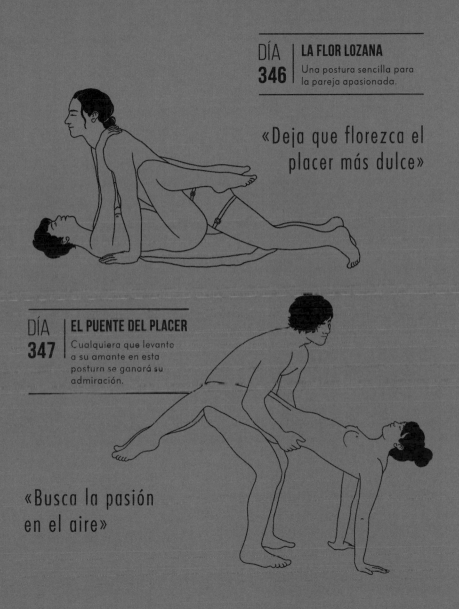

**LA FLOR LOZANA**
Una postura sencilla para
la pareja apasionada.

«Deja que florezca el
placer más dulce»

**EL PUENTE DEL PLACER**
Cualquiera que levante
a su amante en esta
postura se ganará su
admiración.

«Busca la pasión
en el aire»

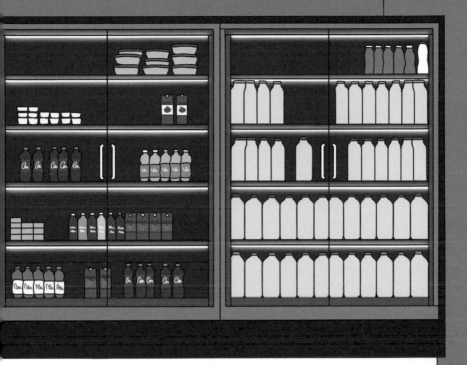

# DÍA 348

## A RITMO DEL TABLA

Libera a tu pareja de tu peso inclinándote hacia atrás para tomar impulso.

«Sigue el ritmo de tu pareja con las manos y las caderas»

DÍA
**349**

**LA CASCADA**

Una oportunidad para experimentar sensuales delicias al revés.

«Piérdete en una ráfaga de pasión»

DÍA
**350**

**CORTAR LA NARANJA**

La sensación inusual de la penetración lateral puede avivar la pasión en una pareja.

«Abre sus piernas y sumérgete en un profundo placer»

# DÍA
# 351
## LA RENDICIÓN

Se puede hacer en una cama para mayor comodidad, pero un taburete aumenta la emoción.

«Abiertos y anhelando el placer de la pareja»

# DÍA 352

## UN SUAVE PASEO

Este ángulo hace casi imposible la penetración profunda, obligando a la pareja a disfrutar de una estimulación más delicada.

«Enciende
su deseo solo
con la punta
de tu pene»

# DÍA
# 353

## PRESIONAR EL TALLO

Particularmente apropiada
para parejas en las que el que
penetra es más menudo que su
amante, ya que esta postura
favorece la presión en el pene.

«Exprime y
estimula la
sensualidad»

## DÍA 354 | HIEDRA Y MARACUYÁ

Las piernas se encajan en un perfecto entrelazado erótico.

«Muévete con tu pareja, los dos bien entrelazados»

## DÍA 355 | PERFORAR LA LUNA

Es arriesgado si se resbala, así que es mejor hacerlo en una superficie blanda.

«Una elegante media luna atravesada por tu flecha»

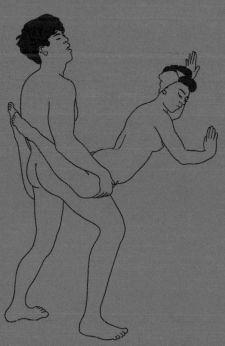

# DÍA 356

## CONTRA EL MUSLO

Toda una provocación para el
amante acostado: su pareja
ignora su excitación y se frota
contra su pierna.

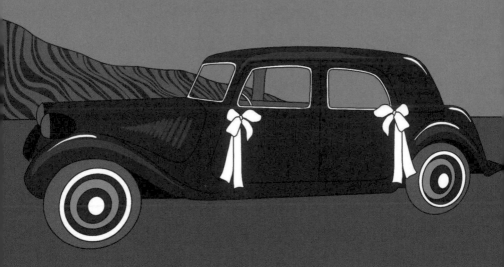

«Incita su deseo
con tu placer»

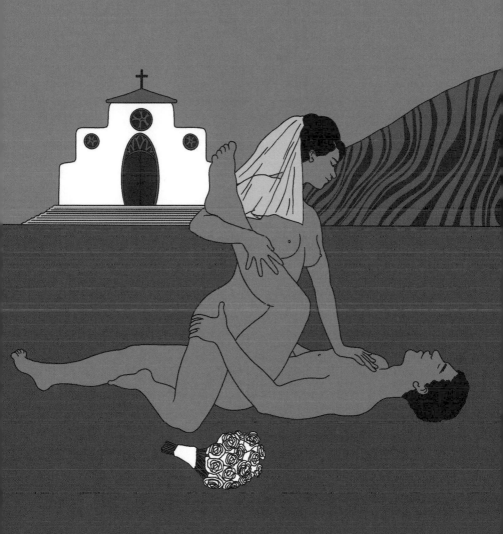

## LA FLOR SENTADA

Una postura cariñosa
para parejas que están
profundamente
enamoradas.

«Complace a
tu amante para
deshojar su pasión»

## MOLER EL GRANO

Con tu pareja recostada
cómodamente, puedes
mover sus caderas con
facilidad.

«Mueve y gira
sus caderas para
disfrutar de
profundidades
deliciosas»

# DÍA
# 359

## MONTAR EL CAÍDO

Si te gusta tomar el control, esta es una gran manera de tener a tu amante a tu merced.

«Tu amante yace impotente mientras disfrutas de su pasión»

# DÍA
# 360
## MEDIA GENUFLEXIÓN

Con una rodilla en equilibrio y
una pierna apoyada, puedes
empujar con toda tu energía.

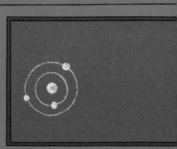

«Arrodíllate ante su
santuario y disfruta
de una maravillosa
bendición»

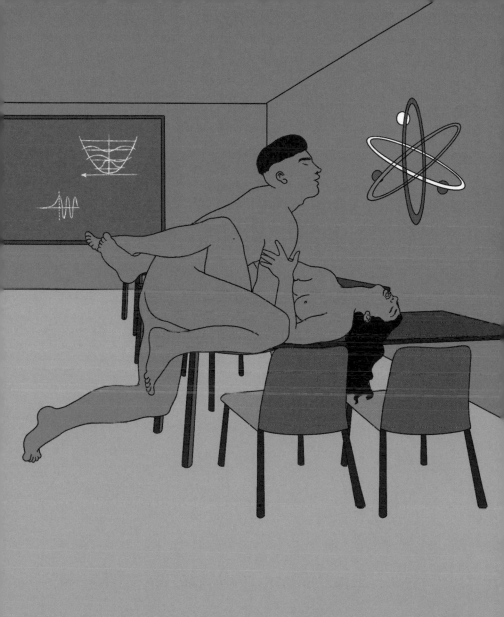

# DÍA
# 361

**EL ARNÉS DE LA PRINCESA**

Un delicioso abrazo soñoliento
para las intimidades nocturnas.

«Protégela
mientras te
deleitas con un
suave placer»

### DESAFÍO AL PLACER

Un juego emocionante que incita a hacer el amor de la manera más salvaje.

«Sus dedos te acarician hasta caer rendida»

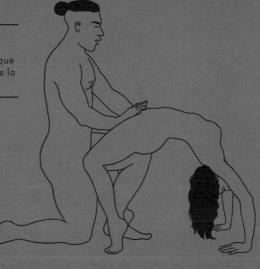

### EL AGARRE IMPRUDENTE

Un abrazo salvaje para encuentros apasionados.

«No existe nada más que vuestros cuerpos excitados»

# DÍA
## 364

### EL ESPLENDOR
### DE LA DONCELLA

La postura abierta hace que la
espalda se eleve recta y altiva.

«Muestra todo
tu orgullo y tu
sensualidad»

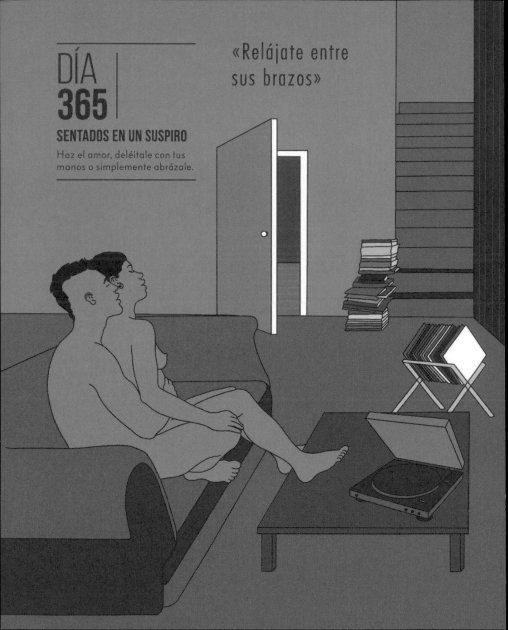

# DÍA
# 365

## SENTADOS EN UN SUSPIRO

Haz el amor, deléitale con tus
manos o simplemente abrázale.

«Relájate entre
sus brazos»

# TENGO GANAS DE...
## AUTÉNTICA TERNURA

| | | | | | | | | |
|---|---|---|---|---|---|---|---|---|
| 006 | 320 | 016 | 075 | 275 | 178 | 111 | 013 | 224 |
| 173 | 126 | 332 | 089 | 002 | 290 | 122 | 310 | 321 |
| 337 | 051 | 096 | 081 | 183 | 054 | 304 | 085 | 243 |
| 136 | 210 | 344 | 169 | 216 | 137 | 346 | 069 | 285 |
| 001 | 256 | 035 | 233 | 093 | 225 | 023 | 280 | 017 |
| 327 | 103 | 357 | 067 | 154 | 248 | 338 | 094 | 127 |
| 143 | 076 | 308 | 130 | 245 | 124 | 042 | 076 | 296 |
| 044 | 184 | 018 | 223 | 004 | 319 | 193 | 254 | 174 |

# TENGO GANAS DE...
## PLACER PROFUNDO

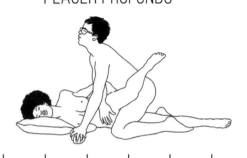

| 204 | 060 | 039 | 128 | 249 | 009 | 116 | 138 | 244 |
| --- | --- | --- | --- | --- | --- | --- | --- | --- |
| 012 | 271 | 180 | 336 | 024 | 220 | 123 | 079 | 018 |
| 301 | 083 | 231 | 107 | 358 | 090 | 252 | 223 | 359 |
| 177 | 220 | 003 | 274 | 155 | 217 | 020 | 237 | 147 |
| 350 | 118 | 066 | 202 | 049 | 259 | 186 | 105 | 091 |
| 021 | 242 | 311 | 061 | 358 | 112 | 272 | 247 | 063 |
| 257 | 007 | 121 | 291 | 179 | 125 | 059 | 172 | 309 |
| 036 | 246 | 198 | 171 | 005 | 145 | 209 | 008 | 157 |

# TENGO GANAS DE...
## JUEGOS DIVERTIDOS

| 046 | 206 | 114 | 316 | 027 | 245 | 149 | 285 | 009 |
|-----|-----|-----|-----|-----|-----|-----|-----|-----|
| 339 | 008 | 269 | 056 | 240 | 190 | 084 | 045 | 335 |
| 010 | 225 | 140 | 356 | 194 | 014 | 265 | 080 | 158 |
| 250 | 176 | 034 | 170 | 098 | 348 | 077 | 142 | 295 |
| 197 | 087 | 298 | 365 | 323 | 205 | 007 | 222 | 115 |
| 306 | 160 | 019 | 333 | 181 | 127 | 362 | 072 | 307 |
| 028 | 057 | 286 | 131 | 043 | 352 | 106 | 268 | 022 |
| 189 | 006 | 199 | 074 | 215 | 016 | 292 | 141 | 241 |

# TENGO GANAS DE...
## ÉXTASIS INCREÍBLES

| 032 | 288 | 209 | 025 | 324 | 194 | 062 | 223 | 214 |
| 153 | 134 | 070 | 353 | 166 | 050 | 262 | 133 | 099 |
| 258 | 086 | 347 | 144 | 082 | 294 | 119 | 015 | 270 |
| 014 | 322 | 120 | 364 | 360 | 211 | 341 | 317 | 195 |
| 351 | 003 | 191 | 315 | 187 | 101 | 222 | 125 | 349 |
| 102 | 095 | 334 | 133 | 004 | 325 | 052 | 302 | 156 |
| 227 | 290 | 168 | 68 | 309 | 182 | 264 | 073 | 229 |
| 058 | 219 | 026 | 151 | 116 | 012 | 139 | 255 | 038 |

# TENGO GANAS DE...
## ABRAZOS AMOROSOS

| 008 | 299 | 235 | 075 | 282 | 041 | 313 | 276 | 069 |
|-----|-----|-----|-----|-----|-----|-----|-----|-----|
| 328 | 013 | 339 | 212 | 162 | 193 | 011 | 183 | 233 |
| 230 | 361 | 304 | 005 | 264 | 253 | 104 | 226 | 298 |
| 354 | 165 | 092 | 239 | 310 | 055 | 190 | 365 | 017 |
| 031 | 285 | 317 | 280 | 100 | 225 | 113 | 088 | 344 |
| 345 | 002 | 201 | 129 | 232 | 081 | 246 | 293 | 236 |
| 161 | 327 | 275 | 047 | 268 | 256 | 065 | 332 | 308 |
| 266 | 053 | 110 | 281 | 001 | 146 | 287 | 030 | 213 |

# TENGO GANAS DE...
## PLACERES INUSUALES

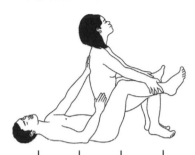

| 108 | 260 | 238 | 064 | 283 | 175 | 331 | 029 | 251 |
|-----|-----|-----|-----|-----|-----|-----|-----|-----|
| 284 | 011 | 326 | 278 | 203 | 292 | 200 | 263 | 164 |
| 159 | 342 | 188 | 135 | 340 | 040 | 347 | 148 | 091 |
| 300 | 078 | 297 | 080 | 185 | 303 | 221 | 318 | 218 |
| 234 | 330 | 048 | 267 | 315 | 097 | 343 | 117 | 312 |
| 355 | 150 | 314 | 196 | 163 | 329 | 071 | 277 | 229 |
| 033 | 279 | 273 | 363 | 010 | 261 | 207 | 305 | 015 |
| 262 | 228 | 167 | 037 | 259 | 109 | 289 | 152 | 183 |

# AGRADECIMIENTOS

## AGRADECIMIENTOS DE LA ILUSTRADORA

A mi madre, Gloria, mi mejor amiga.
Gracias por enseñarme a no rendirme.
No estaría aquí sin tu amor incondicional.

## AGRADECIMIENTOS DE LOS EDITORES

DK agradece a Charlotte Beauchamp su
ayuda editorial. De la primera edición:
un agradecimiento especial para Kesta
Desmond.

## SOBRE LA ILUSTRADORA

Alicia Rihko es ilustradora y diseñadora
independiente y está afincada en España.
Se ha ganado un gran número de
seguidores en las redes sociales con sus
obras de arte eróticas, sorprendentemente
originales, inspiradas en motivos de la
cultura pop y llenas de color, sensualidad
y humor rebelde. Su perfil de Instagram
es @aliciarihko.

Penguin Random House

**Edición** Megan Lea
**Diseño** Natalie Clay
**Diseño del proyecto** Louise Brigenshaw
**Dirección de diseño** Marianne Markham
**Edición ejecutiva** Ruth O'Rourke
**Coordinación de diseño y maquetación**
Heather Blagden
**Edición de producción** David Almond
**Control de producción sénior** Luca Bazzoli
**Coordinación de cubierta** Lucy Philpott
**Dirección de arte** Maxine Pedliham
**Dirección editorial** Katie Cowan

**Ilustración** Alicia Rihko

**De la edición en español:**
**Coordinación editorial** Marina Alcione
**Asistencia editorial y producción** Malwina Zagawa

**Servicios editoriales** Tinta Simpàtica
**Traducción** Núria Parés

Publicado originalmente en Gran Bretaña en 2022
por Dorling Kindersley Limited
DK, One Embassy Gardens, 8 Viaduct Gardens,
Londres, SW11 7BW
Parte de Penguin Random House

ISBN: 978-0-7440-7909-8

Impreso y encuadernado en China

Para mentes curiosas

**www.dkespañol.com**

MIXTO
Papel | Apoyando la
selvicultura responsable
**FSC™ C018179**

Este libro se ha impreso con papel certificado
por el Forest Stewardship Council™ como parte
del compromiso de DK por un futuro sostenible.
Para más información, visita
www.dk.com/our-green-pledge